10 Lições sobre
SANTO AGOSTINHO

CB053209

Dados Internacionais de Catalogação na Publicação (CIP)
(Câmara Brasileira do Livro, SP, Brasil)

Costa, Marcos Roberto Nunes
   10 lições sobre Santo Agostinho / Marcos Roberto Nunes.
4. ed. – Petrópolis, RJ : Vozes, 2014. – (Coleção 10 Lições)
   Bibliografia.

   6ª reimpressão, 2023.

   ISBN 978-85-326-4322-3
   1. Agostinho, Santo, Bispo de Hipona, 354-430 2. Deus
3. Filosofia 4. Iluminação (Filosofia) 5. Iluminação divina
6. Teologia 7. Trindade I. Título. II. Série.

11-14835
                                                       CDD-189.2

Índices para catálogo sistemático:
1. Agostinianismo : Filosofia medieval   189.2

Marcos Roberto Nunes Costa

10 Lições sobre
SANTO AGOSTINHO

EDITORA
VOZES

Petrópolis

© 2012, Editora Vozes Ltda.
Rua Frei Luís, 100
25689-900 Petrópolis, RJ
www.vozes.com.br
Brasil

Editoração: Maria da Conceição B. de Sousa
Diagramação e capa: Sheilandre Desenv. Gráfico
Ilustração de capa: Omar Santos

ISBN 978-85-326-4322-3

Este livro foi composto e impresso pela Editora Vozes Ltda.

Sumário

Introdução

Agostinho foi um homem completo; conseguiu ser, ao mesmo tempo, poeta, filósofo, sábio e isto, concomitantemente, em todos os momentos de sua vida, e com alguma coisa a mais, pois a todos esses elementos superiores do ser humano acrescentou o cunho sobrenatural da santidade. Aqui reside a grandiosidade de Agostinho: em conseguir reunir numa só pessoa as duas qualidades às quais todos os homens são chamados por Deus, mas só poucos conseguem realizar plenamente: ser homem e santo ao mesmo tempo. E nos dois campos foi grandioso. Até mesmo o que se pode desaprovar em Agostinho deriva, em suma, da profundidade de seu gênio, como, por exemplo, a veemente defesa da graça divina, que parece conflitar com a liberdade humana: "Suas ideias podem parecer às vezes arrojadas em excesso e paradoxais e seu estilo compraz-se em demasia com certas antíteses cuja sutileza alambicada confina com o absurdo. Expor-se a esta increpação é destino comum de todos os que conceberam ideias profundas. Quem deseja dizer o indizível cai em aparentes agudezas e querer pensar o impensável raia pelo paradoxo" (PAPINI, 1949: 236).

Agostinho é um desses homens para quem não existe a morte. Suas obras atravessaram os séculos, influenciando os comuns e as celebridades ao longo dos tempos. Depois dele, todos os intelectuais, de Boécio a Nicolau de Cusa, passando por Tomás de Aquino, São Boaventura, Duns Escoto, Guilherme de Ockham e outros, alimentaram-se de suas obras. E não só na Idade Média, mas na Modernidade pensadores como Pascal, Lutero, Calvino, Zwínglio e outros, cada um a seu modo, receberiam influência de suas obras. Não é por acaso que Agostinho é considerado por muitos como o "pai do pensamento ocidental" (BRACHTENDORF, 2008: 11).

Primeira Lição

Vida e obras

Aurélio Augustinus (Santo Agostinho) nasceu em Tagaste, província romana da Numídia na África (hoje chamada Souk-Ahrás, na atual Argélia, Norte da África), em 13 de novembro de 354.

Seu pai, Patrício, um conselheiro municipal de Tagaste, era um pagão que se converteu ao cristianismo pouco antes de morrer, em 371. Sua mãe, Mônica (Santa Mônica), cristã fervorosa, teria um papel marcante na vida de Agostinho. Além de Agostinho, Patrício e Mônica tiveram mais dois filhos: Navígio, que morreu ainda jovem, e uma irmã, Perpétua (Santa Perpétua), que, depois de enviuvar, entrou para a vida religiosa, chegando a ser superiora de convento feminino agostiniano.

Em Tagaste, Agostinho recebeu seus primeiros estudos de gramática, aritmética, latim e um pouco de grego, língua esta que nunca chegou a dominar bem.

Em 365, com 11 anos de idade, foi enviado a Madaura, uma cidade maior, para estudar educação geral. Ali, Agostinho logo começou a brilhar entre seus colegas, e os mestres prediziam-lhe um futuro brilhante. Em contrapartida, sua conduta moral foi, aos poucos, decaindo, na busca de prazeres mundanos.

No início de 370, Agostinho concluiu os estudos e retornou a Tagaste. Ali continuou sua vida de desfrutes, praticando uma série de desmandos junto com outros jovens, como, por exemplo, o famoso "roubo das peras" narrado por ele nas *Confissões*. Foi naquela época que iniciou, e manteve até os trinta anos, um romance com uma mulher, com a qual, em 372, veio a ter um filho – Adeodato.

Em fins de 370, com 16 anos de idade, depois de quase um ano de ociosidade e vícios, foi enviado a Cartago, capital da Numídia, para fazer seus estudos superiores.

Com 19 anos, em meio aos seus estudos em Cartago, conheceu e leu a obra *Hortensius*, de Cícero. Neste livro, o velho tribuno, desiludido das suas ambições políticas, volta-se para a filosofia e exprime suas alegrias na busca das verdades eternas. Esta obra despertava-lhe o gosto pela filosofia, um amor intenso pela verdade.

O livro de Cícero foi uma espécie de revelação que o levou a defrontar-se com as verdades eternas. Verdades estas que o perturbariam até sua conversão definitiva ao cristianismo. Entretanto, naquele momento, o supracitado livro ainda não foi capaz de acalmar seu inquieto coração, pois, por mais que tivesse se desviado da religião cristã, seu coração fora marcado pelas palavras de Cristo, pronunciadas por sua mãe. Por isso, nas *Confissões*, Agostinho, ao ler a obra de Cícero, lamenta não ter encontrado nela o nome de Cristo: "Uma coisa me magoava no meio de tão grande orador: não encontrar aí o nome de Cristo" (*Conf.*, III, 4).

A ausência do nome de Cristo no *Hortensius* levou Agostinho a procurar a Bíblia, fato que o deixou decepcionado, pois, diante da majestade da obra de Cícero, a Bíblia parecia indigna e modesta: "A sua simplicidade repugnava ao orgulho, e a luz da minha inteligência não lhe penetrava no íntimo" (*Conf.*, III, 5).

Depois da experiência frustrada da leitura da Bíblia, na angústia e ânsia de encontrar a verdade, Agostinho foi procurar esta em outros lugares. Foi aí que entrou para a seita gnóstica dos maniqueus, onde permaneceria por nove anos (374-383).

De certa forma, o maniqueísmo respondia, pelo menos num primeiro momento, às grandes preocupações de sua vida: encontrar uma explicação ou justificativa para seus erros e contradições, a força que o impulsionava a praticar o mal.

O maniqueísmo era uma seita filosófico-religiosa que se originou na Pérsia, fundada por Mani, que misturava doutrinas de Zoroastro com o cristianismo. Sua tese fundamental consistia em afirmar a existência de dois princípios ontológicos coeternos, criadores do Bem e do Mal, que continuam em luta no mundo. Trazendo isso para a prática, o maniqueísmo afirmava que o mal que está em nós, ou que cada um pratica, não é por responsabilidade própria, mas por culpa do princípio do mal.

Em Cartago, Agostinho fez um grupo de amigos que formavam a base de sua escola, com quem discutia questões filosóficas. Dessas discussões nasceu seu primeiro livro, *De Pulchro et apto* (Sobre o belo e o conveniente). É a única obra de Agostinho que se perdeu no tempo.

A partir das leituras dos filósofos gregos e latinos (vistos no curso de Cartago), as respostas maniqueias já não satisfaziam mais a Agostinho. A desilusão instalou-se no seu coração, que não abandonaria definitivamente o maniqueísmo, mas entraria, aos poucos, numa fase de ceticismo.

Em 383, aos 29 anos de idade, atraído pela possibilidade de maiores lucros e honras, resolve transferir-se para Roma, onde abriria uma escola de retórica. Ali, em pouco tempo, conseguiu fama de orador, tendo sido procurado por várias autoridades, dentre elas Símaco, prefeito da cidade, que viria a ter grande admiração por ele.

No ano seguinte, foi convidado por Símaco a ocupar o cargo de orador e professor (*rector*) da corte imperial. Tendo aceitado o convite, no verão de 384 Agostinho partiu para Milão como funcionário público, onde foi recebido pelas autoridades imperiais, intelectuais e eclesiásticas com grande simpatia e curiosidade.

Milão florescia como uma cidade brilhante. Para lá acorria uma legião de poetas, escritores, oradores e filósofos. A filosofia grega ganhava ali seus adeptos entre os leigos e o clero, especialmente o neoplatonismo, que dominava o ambiente cultural. O catolicismo era importante na cidade. O bispo da cidade, Ambrósio, pronunciava sermões eruditos, elaborados segundo a tradição neoplatônica.

Atraído pela fama de orador do Bispo Ambrósio, Agostinho resolveu ouvi-lo, no início, não pela fé, mas pela curiosidade. As pregações de Ambrósio não levaram, de imediato, Agostinho à Igreja Católica, mas lançaram luz sobre sua alma e, aos poucos, foram acabando com as dúvidas dos seus tempos de maniqueísmo e ceticismo.

Em Milão, pressionado pela nova condição social, Agostinho resolveu casar-se, chegando a pedir a mão de uma jovem de família rica. Entretanto, segundo o próprio Agostinho, o enlace não foi possível, pois "faltavam-lhe [...] quase, dois anos para chegar à idade núbil" (*Conf.*, VI, 13). Sentindo-se traída por Agostinho ter pedido uma jovem em casamento, sua concubina resolveu abandoná-lo e voltou para a África, a deixando com este seu filho Adeodato.

Em Milão, aos 32 anos, além de Ambrósio, Agostinho conheceu Mânlio Teodoro, personalidade política, que chegou ao cargo de cônsul. Era um homem culto, amante da filosofia neoplatônica. Através deste, leu as *Enéadas*, de Plotino, traduzidas do grego para o latim por Mário Vitorino.

Através das leituras de Plotino, Agostinho descobriu que Deus é a fonte única de todo bem e que o mal não forma uma substância. Bem como o *nous*, ou razão natural, remonta ao *logos* do Evangelho de São João. Foi um importante passo para que Agostinho vencesse seu materialismo rumo a uma especulação filosófico-religiosa.

As leituras neoplatônicas lançavam grandes luzes no coração de Agostinho. Este resolveu procurar Ambrósio, em cujos sermões ouvira falar, muitas vezes, de Plotino. Depois de uma longa conversa, o bispo o aconselhou a procurar Simpliciano, um cristão exemplar que poderia trazer-lhe as respostas que precisava.

Ao procurar Simpliciano, Agostinho contou-lhe que havia lido os escritos neoplatônicos e revelou suas insatisfações. Este reforçou os méritos dos neoplatônicos, mas chamou a atenção para seus enganos em querer alcançar a verdade por seus próprios esforços racionais. Em contrapartida, para tal, exalta a necessidade da humildade e redenção divina. E conta-lhe acerca da recente conversão de Mário Vitorino, como exemplo de humildade cristã.

O relato da conversão de Vitorino comoveu Agostinho, como ele mesmo declarou: "Logo que vosso servo Simpliciano me contou tudo isto de Vitorino, imediatamente ardi em desejos de imitá-lo" (*Conf.*, VIII, 5). No final da conversa, Simpliciano aconselhou Agostinho a ler as Sagradas Escrituras, especialmente as cartas paulinas: "Por conseguinte, lancei-me avidamente sobre o venerável estilo (da *Sagrada Escritura*) ditado pelo vosso Espírito, preferindo, entre outros autores, o Apóstolo São Paulo [...]. Comecei a lê-los e notei que tudo o que de verdadeiro tinha lido nos livros platônicos se encontrava naqueles [...]. Com uma grande diferença: os livros platônicos, ao identificarem o Verbo de Deus, ou *logos*, com o *nous*, ou razão, esqueciam de dizer que '*o Verbo se fez homem e habitou entre nós*' (Jo 1,13)" (*Conf.*, VII, 21).

A partir da conversa com Simpliciano, Agostinho passou a viver o dilema entre servir a Deus, a exemplo de Vitorino, ou continuar sua vida devassa. Conflito este que se agravaria até o momento de sua conversão e que se caracterizava pelo que ele chamou de "luta entre duas vontades": "A vontade nova que começava a existir em mim, a vontade de vos honrar gratuitamente [...] ainda não se achava apta para superar a outra vontade, fortalecida pela concupiscência [...]. Eu estava certo de que entregar-me ao vosso amor era melhor que ceder ao meu apetite. Mas o primeiro agradava-me e vencia-me; o segundo aprazia-me e encadeava-me [...]" (*Conf.*, VIII, 5).

Outro acontecimento importante para a conversão de Agostinho fora o encontro com Ponticiano, um cristão fiel e compatriota africano que exercia um alto cargo no palácio, que viera visitar Agostinho e que, ao chegar em sua casa, falou acerca da vida de Santo Antão – um monge do Egito até então desconhecido para Agostinho e seus amigos – e de seus seguidores. A narrativa de Ponticiano levou Agostinho a comparar a vida dos jovens que seguiram Santo Antão e a sua, e isso aumentou ainda mais sua angústia e seu conflito interior: "Quanto mais amava aqueles jovens, de quem ouvia contar salutares exemplos, tanto mais execravelmente me odiava, ao comparar-me com eles [...]. Vós, Senhor, enquanto ele falava, me fazíeis refletir sobre mim mesmo [...]. Vós me colocáveis a mim mesmo diante de mim, e me arremessáveis para a frente de meus olhos, para que, 'encontrando a minha iniquidade, a odiasse'. Conhecia-a, mas fingia que não via, procurando esquecê-la. [...] Vós me colocáveis perante o meu rosto, para que visse como andava torpe, disforme, sujo, manchado e ulceroso. Via-me e horrorizava-me; mas não tinha por onde fugir [...]. Assim me roía interiormente, confundindo-me com horrível e acentuada vergonha, enquanto Ponticiano falava" (*Conf.*, VIII, 7).

Terminada a narrativa, Agostinho ficaria profundamente perturbado, sua alma recusava-se a se escusar, "tinha medo, como da morte, de ser desviada da corrente de vícios em que ia apodrecendo mortalmente" (*Conf.*, VIII, 7). Depois de discutir com Alípio sobre o que ouviram, Agostinho, perturbado, retirou-se para os jardins de sua casa a fim de meditar: "Para lá me levara o tumulto do meu peito, onde ninguém era capaz de evitar a ardente luta que eu travara comigo [...]. Eu rangia em espírito, irando-me com turbulentíssima indignação, por não poder seguir Vosso agrado e aliança..." (*Conf.*, VIII, 8).

A luta interior se agravou quando, de repente, Agostinho caiu em choro e, em meio às suas lágrimas, se interrogou: "Por quanto tempo, por quanto tempo andarei a clamar: Amanhã, amanhã? Por que não há de ser agora? Porque o termo das minhas torpezas não há de vir nesta hora? [...] Assim falava e chorava, oprimido pela mais amarga dor do coração. Eis que, de súbito, ouço uma voz da casa próxima. Não sei se era de menino, se de menina. Cantava e repetia frequentes vezes: '*Toma e lê; toma e lê*'" (*Conf.*, VIII, 12).

Surpreendido, Agostinho lembrou-se da narrativa de Ponticiano acerca do momento em que Santo Antão recebeu um sinal de Deus e interpretou sua experiência como um chamado de Deus para ler a Bíblia. Daí correu ao encontro de Alípio que lhe entregou o Novo Testamento e este abriu-o espontaneamente e leu o que lhe veio aos olhos, caindo sobre a Epístola de São Paulo (Rm 13,13) que dizia: "*Não caminheis em glutonarias e embriaguez, nem em desonestidades e dissoluções, nem em contendas e rixas; mas revesti-vos do Senhor Jesus Cristo e não procureis a satisfação da carne com seus apetites*" (Rm 13,13). "Não quis ler mais, nem era necessário. Apenas acabei de ler estas frases, penetrou-me no coração uma espécie de luz serena, e todas as trevas da minha dúvida fugiram" (*Conf.*, VIII, 12).

Agostinho mostrou a passagem a Alípio e, juntos, discutiram a experiência; em seguida, foram ao encontro de Mônica contar o ocorrido: estava decidido a ser católico, queria batizar-se.

Convertido, Agostinho desistiu da ideia de casar-se e pediu demissão de seu cargo de *rector*. Um de seus amigos, Verecundo, colocou à sua disposição uma casa de campo, num lugar chamado Cassicíaco, perto de Milão, para onde se retirou com os amigos, seu filho Adeodato e sua mãe Mônica. Ali iriam preparar-se para o batismo, sob as orientações de Ambrósio. Das discussões desse retiro nasceram as suas primeiras obras: *Contra acadêmicos* (386), *Sobre a vida feliz* (386), *Sobre a ordem* (386) e *Solilóquios* (387), que ficariam conhecidas por "Diálogos filosóficos de Cassicíaco", ou "Da Juventude".

Em 387, Agostinho e seu filho Adeodato voltaram a Milão para receberem o batismo. No Sábado Santo (25 de abril) de 387), foram batizados pelo Bispo Ambrósio.

Batizado, sua grande meta seria retornar à terra natal, onde pretendia dedicar-se à vida monástica. Ainda em 387, iniciou o caminho rumo a Tagaste, mas, em passagem pelo Porto de Roma (em Óstia), sua mãe faleceu, com 56 anos de idade.

Em 388, chegou à África. Ali, seguindo o preceito evangélico da pobreza, estabeleceu uma espécie de mosteiro, vivendo em companhia de seus amigos. Daquela primeira comunidade nascia o ideal de vida monástica do Ocidente.

De sua experiência de vida comunitária nasceriam as famosas *Regras*, um ideal de vida monástica que tinha como máxima: "A medida para amar a Deus é amá-lo sem medida" (*Reg.*, 34, 4,7) que seria seguida pelos mosteiros agostinianos, e que influenciaria grande parte das ordens e congregações religiosas espalhadas pelo mundo até hoje.

Agostinho insistia em dizer que não queria ser sacerdote, mas o que ele menos queria logo aconteceu. Em uma visita a Hipona, ao adentrar na cátedra, em um momento de assembleia, vendo Agostinho se aproximar, o Bispo Valério começou a explicar ao povo o seu desejo de encontrar alguém – um homem culto, zeloso e de doutrina segura – que o ajudasse a combater as heresias. Agostinho avançava pela Catedral quando, subitamente, uma multidão de fieis, que gritava em coro:

Agostinho! Agostinho! arrastou-o forçosamente e o conduziu até o bispo.

No dia seguinte, foi recebido por Valério. Queria confessar-lhe as suas hesitações em ser sacerdote, mas, como era da vontade de Deus, aceitaria. E depois de alguns meses de preparação espiritual, aos 37 anos de idade, Agostinho foi ordenado sacerdote pelas mãos do Bispo Valério.

Diante do prestígio de Agostinho, não só na região, mas em toda África, temendo que a qualquer momento este fosse chamado (raptado) a servir em outros lugares, o Bispo Valério escreveu ao Primaz da África, pedindo-lhe que o ordenasse bispo-auxiliar de sua diocese. Agostinho tentou fugir mais uma vez de tal compromisso, mas, diante da insistência de Valério, em 395, foi sagrado bispo pelas mãos de Magálio. Um ano depois, com o falecimento de Valério, Agostinho ficaria como bispo-titular de Hipona, onde permaneceu por 36 anos.

Além de intelectual, preocupado com as grandes questões doutrinais de seu tempo, Agostinho era um bispo popular, que convivia com seu povo, que conhecia as suas ansiedades, sofrimentos e alegrias. Basta vermos as centenas de *Cartas* e *Sermões* dirigidos aos seus diocesanos e amigos de outras regiões. Além disso, participava ativamente da vida político-social de sua época, interferindo, reivindicando e intercedendo junto às autoridades por seu rebanho.

Em 410, Agostinho acompanhou atentamente os acontecimentos acerca do saque de Roma por Alarico. Diante das acusações dos romanos de que a debilidade do Império estaria na sua adesão ao cristianismo, Marcelino, tribuno romano, pediu a Agostinho desse uma resposta a tais acusações, e ele escreveu a obra *Sobre a Cidade de Deus*, em defesa dos cristãos, que ao lado das *Confissões*, do *Comentário aos Salmos* e do tratado *Sobre a Trindade*, forma o conjunto das obras mais importantes de Agostinho.

No final de sua vida iniciaria outra importante obra, *Retractationum* (*Retratações*), com um olhar retrospectivo de todas as suas obras anteriores, mas que ficaria inacabada[1].

Agostinho faleceu no dia 28 de agosto de 430. Seu corpo foi enterrado na *Basilica Pacis* (Basílica da Paz) de Hipona onde, por 36 anos, ressoou a voz daquele que, para sempre, seria o "Bispo de Hipona". Mais tarde, seus restos mortais foram levados para Sardenha, na Itália, depois, na época das invasões dos vândalos, foram transferidos para a Catedral de Pavia, onde permanecem até hoje.

---

1. O fato de Agostinho ter deixado as *Retratações* incompletas e de se terem achado muitos escritos não catalogados ali leva a uma grande controvérsia, entre seus comentadores, quanto ao número de obras. Daniel-Rops (1960: 26) confirma o que o próprio Agostinho diz nas *Retratações*, isto é, que ele escreveu 93 obras, divididas em 232 livros, mais algumas centenas de sermões e cartas, além de pequenos tratados. Entretanto, Rubio (1995: 398) afirma que na Coleção Latina de Escritores Cristãos (Migne) se encontram mais de 150 títulos diferentes, sem contar as centenas de cartas, sermões e pequenos tratados. Outros, dentre eles Bougaud (1927: 273), considerando que as centenas de cartas, sermões e pequenos tratados, os quais, quando publicados, chegam a formar um livro (p. ex., a carta 130 à rica viúva Proba, publicada no Brasil pelas Edições Paulinas), chega a dizer que Agostinho escreveu 1.130.

Segunda lição

A "verdadeira filosofia"

Sabemos que uma das preocupações centrais da filosofia greco-romana era a busca da felicidade, a qual ficou conhecida pelo nome de eudaimonia, e esta, de uma forma ou de outra, poderia ser alcançada, ainda nesta vida humana, unicamente pelo esforço humano mediante um exercício dialético da razão que se autocompreende e se manifesta como verde-felicidade.

Agostinho absorveu e apropriou-se da filosofia greco-romana, a qual não abandonará pelo resto da vida, notadamente no que se refere ao eudaimonismo, o qual aparece nitidamente expresso em uma passagem do *Sobre a Cidade de Deus*, uma obra da maturidade, quando diz: "Não há razão para o homem filosofar senão para que seja feliz; e o que faz com que este seja feliz é o fim bom; não há, por conseguinte, nenhuma causa para o filosofar, salvo a meta do bem; por essa razão, aquela que não segue o fim bom não pode ser dita seita filosófica" (*De Civ. Dei,* XIX, 1,3).

Esse é o problema central – a busca da felicidade – que perpassa toda produção literária de Agostinho, como, por exemplo, na *Epístola* 130, escrita à rica viúva Proba, em que aponta que a busca da felicidade é algo imanente ao homem, fazendo, assim, parte da natureza humana: "Todos os homens querem possuir vida feliz, pois mesmo os que vivem mal não viveriam desse modo se não acreditassem que, desse modo, são, ou que podem vir a ser felizes" (*Ep.*, 130, 4,9).

Entretanto, se Agostinho adota o eudaimonismo da tradição greco-romana, como bem a ser almejado por todo homem vindo a este mundo, discorda desta quanto ao lugar onde encontrá-lo e do método para alcançá-lo, fazendo da razão ou filosofia não mais um fim em si mesma, mas um meio ou um porto (*philosophiae portus*), transformando a felicidade em "verdadeira felicidade" (*beatidudo*), a ser alcançada unicamente em Deus, e a fé revelada em "verdadeira filosofia" (*arx philosophiae* – ápice da filosofia), estabelecendo uma distinção entre sabedoria, alcançada pela filosofia, e Verdade – Deus, revelada no cristianismo, e nisso reside a originalidade de nosso filósofo cristão em relação à tradição filosófica greco-romana

Já no *Diálogo sobre a vida feliz*, tentando responder às questões: onde está a felicidade? Como e onde o homem pode ser feliz? Depois de buscar e não encontrar, entre as doutrinas filosóficas dos antigos, e entre os bens materiais, um que possa trazer a "verdadeira felicidade", uma vez que são todos mutáveis, escreve: "Por conseguinte, estamos convencidos de que, se alguém quiser ser feliz, deverá procurar um bem permanente, que não lhe possa ser retirado em algum revés da sorte" (*De beat. vita*, I, 12).

No final do referido *Diálogo*, Agostinho chega à conclusão de que a "verdadeira felicidade" está em Deus, ou só é verdadeiramente feliz quem possui a Deus. Nesse sentido, a filosofia agostiniana diferencia-se em muito da filosofia antiga, ao transferir o fundamento último de seu eudaimonismo para o sobrenatural, conforme palavras de Frederick Copleston: "A ética de Santo Agostinho tem em comum com o que poderíamos chamar típica ética grega seu caráter eudaimonista, quer dizer, o que se propõe é um fim comum para a conduta humana, a saber, a felicidade; porém essa felicidade tem de encontrar-se unicamente em Deus" (COPLESTON, 1983: 87).

Assim sendo, em Agostinho, a busca da felicidade do homem converte-se na busca de Deus, o único que pode dar-lhe estabilidade. As inquietudes e as dúvidas, que fundamentam a natureza própria do homem, não deixam de ser outra coisa, senão a ânsia por conhecer a si mesmo e a Deus, por isso, ao estabelecer uma relação entre filosofia e felicidade, diz: "que o filósofo tenha amor a Deus, pois se a felicidade é o fim da Filosofia, gozar de Deus é ser feliz" (*De Civ. Dei*, VIII, 9).

Igualmente, nos *Solilóquios*, outro *Diálogo filosófico de Cassicíaco*, depois de uma longa oração a Deus, inicia o diálogo consigo mesmo [com a razão] desta forma:

A – Eis que já orei a Deus.

R – Pois bem, o que queres saber agora?

A – Tudo o que acabo de pedir em minha oração.

R – Resume isso brevemente.

A – Desejo conhecer a Deus e à alma.

R – E nada mais?

A – Nada mais absolutamente! (*Sol.*, II, 2,7).

Para Agostinho, o filósofo procura a verdade, não simplesmente para ser sábio, mas para ser feliz, e coloca tal felicidade onde realmente ela se encontra, a saber, "na posse de um bem imutável [...] a Verdade – Deus" (*Ep.*, 118, 1,6). Por isso, quem procura a felicidade busca a Deus, e só ao encontrar a Deus encontrará a felicidade.

Além de divergir dos antigos filósofos quanto ao lugar onde a felicidade se encontra, Agostinho discorda destes também quanto ao método ou caminho a ser alcançado, quando, embora não negando totalmente o papel da razão ou Filosofia, indica como condição *sine qua non* a intervenção da graça divina, colocando não no homem, mas no próprio Deus, que se revela enquanto Verdade-Felicidade, o mérito de tal ação. Não que Agostinho negue totalmente ao papel da razão ou Filosofia neste processo, apenas que esta, por conta própria, não é suficiente para alcançá-la, senão mediante o auxílio da graça divina, conforme diz no *Contra Acadêmicos*, referindo-se aos neoplatônicos: "[...] a sutileza da razão [humana] jamais teria levado as almas cegas pelas multiformes trevas do erro e obliteradas sob a enorme massa das impurezas corporais, se o Sumo Deus, movido de misericórdia pelo seu povo, não tivesse inclinado e abaixado até o corpo humano a autoridade do Intelecto divino" (*Contra acd.*, III, XIX, 42).

Aliás, o reconhecimento da necessidade da graça divina como único caminho para se alcançar a verdade era o que faltava no jovem Agostinho para se converter ao cristianismo, desde que despertara para tal (a verdade) depois da leitura do *Hortênsio*, de Cícero, ao 19 anos de idade. Nas *Confissões* ele diz que, momentos antes de sua conversão, aconselhado pelo Bispo Ambrósio, procurou Simpliciano, e contou-lhe acerca das importantes descobertas que fizera ao ler os escritos neoplatônicos, mas revelou-lhe que continuava inquieto e angustiado. Este reforçou os méritos dos neoplatônicos, mas chamou-lhe a atenção para um grave erro: o orgulho (soberba) ou presunção do saber por parte destes, em pensar que por suas próprias forças (razão) podiam alcançar a verdade/felicidade. E apontou o orgulho intelectual como um dos males que sufocava e ofuscava o coração de Agostinho naquele momento, impedindo-o de ver a verdade. E, como solução para tal problema, Simpliciano exalta a necessidade da humildade cristã e da graça redentora de Cristo; de reconhecer Cristo como único salvador, para se chegar à verdade. Este aspecto faltava nos neoplatônicos e em Agostinho, pois, naquele momento, ele não conseguia entender como Jesus Cristo pôde humilhar-se ao ponto de encarnar-se, habitar entre os homens e morrer sobre a cruz, como ele mesmo diz: "Eu não era humilde, e eu não tinha a humildade de Jesus por meu Deus, nem sabia de que coisa poderia ser mestra a sua fraqueza" (*Conf.*, VII, 18, 24). Simpliciano o faz ver que "os filósofos podem, a rigor, com as forças de seu pensamento – que a Verdade, por outra parte, dirige sempre secretamente – descobrir e mostrar aonde ir, mas não por onde ir; são capazes de elevar-se à contemplação da pátria feliz, mas não de habitá-la; veem o fim, mas desconhecem os meios. É que se trata de algo muito distinto do especular: trata-se de vencer as paixões, de reformar o coração, de fortalecer a vontade, e isso não é possível senão pela graça de Cristo" (JOLIVET, 1932: 103).

Por isso, escreve Agostinho nas *Confissões*: "Uma coisa é ver de um píncaro arborizado a pátria da paz e não encontrar o caminho para ela, gastando esforços vãos por vias inacessíveis [...]; e outra coisa é alcançar o caminho que para lá conduz, defendido pelos cuidados do general celeste..." (*Conf.*, VII, 21, 27).

No final da conversa, Simpliciano percebendo ser necessário que Agostinho se munisse daquela caridade em que se baseia o fundamento da humildade, quer dizer, de Jesus Cristo, para se chegar à Verdade, recomenda-lhe ler as Sagradas Escrituras, especialmente São Paulo, onde poderia encontrar o caminho que lhe faltava. E foi o que fez Agostinho, conforme relata: "Por conseguinte, lancei-me avidamente sobre o venerável estilo (da Sagrada Escritura) ditado pelo vosso Espírito, preferindo, entre outros autores, o Apóstolo São Paulo [...]. Compreendi e notei que tudo o que de verdadeiro tinha lido ali (nos livros platônicos) se dizia aqui realçado com a tua graça..." (*Conf.*, VII, 21, 27).

Com uma grande diferença: os livros platônicos, ao identificarem o Verbo de Deus – o *Logos* de São João – com o *Nous* – a razão, esqueciam de dizer que "*o Verbo se fez homem e habitou entre nós*" (Jo 1,13). Por isso, diz: "Li nesse lugar (nos livros platônicos) – não certamente com estas palavras, mas sim substancialmente o mesmo, apoiado em muitas e diversas razões – que '*no princípio era o Verbo, e o Verbo estava em Deus [...]*. Também li ali que o Verbo, Deus, não nasceu da carne, nem do sangue, nem da vontade da carne, mas de Deus. Porém, que '*o Verbo se fez homem e habi-*

tou entre nós' (Jo 1,13), isso não li eu ali. Igualmente li naqueles livros (dos platônicos), dito de diversas e múltiplas maneiras, que o *'Filho tem a mesma condição do Pai e que não foi injúria julgar-se igual ao Pai, por ter a mesma natureza que Ele'*. Mas que *'se anulou a si mesmo, tomando a forma de servo, feito semelhante aos homens e reconhecido como tal por seu modo de ser; e que se humilhou, fazendo-se obediente até à morte, e morte de cruz'* [...], não o dizem aqueles livros" (*Conf.*, VII, 9, 14).

Por isso, depois de muitas outras comparações, mostrando o valor da humildade cristã como único caminho, o Cristo como mediador e redentor, para se alcançar a Verdade, conclui: "Todas essas coisas penetraram-me até as entranhas, por modos admiráveis, ao ler (São Paulo) 'o mínimo de teus apóstolos, e considerava suas obras, e me sentia espantado, fora de mim'" (*Conf.*, VII, 21, 27).

A leitura de São Paulo, orientada pelos comentários de Simpliciano, fizera Agostinho perceber que, apesar de serem os que mais se aproximam das verdades da fé, que chegaram aos últimos limites do que a razão humana pode dizer da verdade, nos platônicos faltava um último degrau para se alcançá-la; que estes, ao identificarem o *Verbo* com o *Nous* – ou razão natural, esquecerem que o *Verbo* não é somente Deus, mas Deus encarnado; que o *"Verbo se fez carne e habitou entre nós"*.

Entendemos que, mais tarde, depois de convertido, Agostinho diria que os filósofos platônicos chegaram até as portas do céu, mas não entraram, atolaram-se no seu próprio orgulho racional, ao pensarem que o mais alto grau da felicidade – a eudaimonia –, se encerrava no pleno exercício da razão natural que eles imaginavam ter alcançado. Por isso, denunciando o seu próprio orgulho racional antes da conversão e, ao mesmo tempo, o dos neoplatônicos, afirma: "Tagarelava a boca cheia como um sabichão, mas, se não buscasse em Cristo Nosso Salvador o caminho para Vós, não seria *perito*, mas *perituro*. Já então, cheio do meu castigo, começava a querer parecer um sábio; não chorava e, por acréscimo, inchava-me com a razão" (*Conf.*, VII, 20, 26).

As palavras de São Paulo mostraram-lhe que a "verdadeira sabedoria", sinônimo de "verdadeira felicidade", não se encontra neste mundo, mas tão somente em Deus, que é o *arx philosophiae* (ápice da filosofia), e que este não se atinge pela razão, mas, para alcançá-lo, é preciso transcender a razão; que só mediante a humildade cristã, pela gratuidade de pensamento, por contemplação, o homem pode alcançá-lo.

E essa verdade/felicidade encontra-se no próprio homem, na sua interioridade, não num sentido panteístico, mas como imanência/transcendência, quando Deus revela-se ao homem enquanto Verdade. Por isso, superando a máxima socrática do "conhece-te a ti mesmo", diz no *Sobre a verdadeira religião*: "Entre em ti próprio, no interior do homem habita a verdade; E se encontrares mutável tua natureza, transcende a ti mesmo; Mas recorda-te: transcendendo-te, transcendes tua alma racional. Encaminha-te, pois, para onde se esconde a própria luz da razão. Pois, aonde chega todo bom pensador senão à verdade?" (*De vera rel.* 39,72).

TERCEIRA LIÇÃO

Conhecimento, ciência e verdade

Apesar de considerar a fé como condição primeira para se chegar a Deus, Agostinho dá capital importância à razão no processo do conhecimento da Verdade – Deus. Tanto é assim que em *Sobre o livre-arbítrio*, livro II, tentando refutar as palavras do cético: *"não há Deus"* (Sl 53,1), começa por procurar uma verdade racional segura (evidente) para daí chegar a uma certeza maior – Deus. Esta primeira verdade é que o homem existe, vive e pensa. Vejamos como chega a esta conclusão, no diálogo com Evódio:

> A – Assim, pois, e para partirmos de verdades evidentes, pergunto-te, antes de mais, se tu existes. Ou receias porventura enganar-te a respeito desta pergunta, quando, se não existisses, de modo nenhum poderias enganar?
>
> E – Passa já a outras considerações.
>
> A – Por conseguinte, sendo evidente que existes, e que isso não seria para ti evidente de outra maneira, se não vivesses, também é evidente isto – que tu vives. Inteleccionas que estas duas realidades são evidentíssimas?
>
> E – Intelecciono perfeitamente.
>
> A – Logo, é também evidente esta terceira realidade, a saber – que tu inteleccionas.
>
> E – É evidente.
>
> A – Qual de entre essas três realidades se te afigura prevalecer?

E – A inteligência...

A – Por que te parece assim?

E – Porque sendo três coisas muito distintas entre si, o existir, o viver e o inteleccionar, é verdade que a pedra existe e o animal vive, e, contudo, ao que me parece, a pedra não vive. Nem o animal intelecciona. Entretanto, estou certíssimo de que o ser que intelecciona possui também a existência e a vida. Por isso não hesito em dizer: o ser que possui essas três realidades é melhor do que aquele que não possui senão uma ou duas delas. Porque, com efeito, o ser vivo por certo existe, mas não segue daí que seja também inteligente: tal é, segundo creio, a vida dos animais; por outro lado, o que existe não possui necessariamente a vida e a inteligência: tal é o caso dos cadáveres, por exemplo, que existem, mas ninguém dirá que vivem. E, finalmente, se uma coisa não tem vida, muito menos inteligência (*De lib. arb.*, II, 3, 7).

Tendo chegado à certeza de três verdades seguras, a saber: que ele existe, vive e pensa (e, entre estas, dado primazia à última, visto que, pelo pensamento, o sujeito pensante sabe que vive e existe, pois não poderia pensar sem viver e nem viver sem existir), Agostinho constrói uma "teoria do conhecimento ou da verdade".

Primeiro, começa por destacar a diferença entre os objetos sensíveis e o conhecimento produzido sobre eles – a sensação. Os objetos corpóreos são atingidos pela sensação, da qual são causa, mas eles, em si mesmos, são incapazes de produzir conhecimento. Os objetos corpóreos estão no nível do existir, a sensação, primeiro nível do conhecimento, ao contrário, no nível do viver, é interior, produzida na alma. Ou seja, o processo do conhecimento humano parte do interior para o exterior. Não são os objetos que produzem conhecimento no homem, mas o homem que sensoria os objetos.

Apesar de afirmar que a sensação é própria da alma, diz que esta necessita do corpo (sentidos corpóreos) para se manifestar. Entretanto, longe de ser algo ativo, o corpo (senti-dos) é passivo, é apenas um veículo, um meio utilizado pela alma para realização da sensação. A alma, ao contrário, é algo ativo, que se utiliza do corpo para produzir sensação (conhecimento); daí dizer Boehner e Gilson que, para Agostinho, "já não é o corpo que atua sobre a alma, e sim a alma sobre o corpo. Considerada em si mesma, a alma reside nos órgãos corporais, está presente neles, e de certo modo, está de sentinela neles [...]. Longe de se manter passiva, a alma é eminentemente ativa, pois é ela que dirige sua atenção aos respectivos órgãos corporais; é ela que vê, que cheira, que prova" (1982: 160).

Logo, para Agostinho, o que na Filosofia Moderna (no Empirismo) chamamos de conhecimento sensível, produzido pelos sentidos corpóreos, a rigor, não é conhecimento. O primeiro nível do conhecimento propriamente dito é a sensação, produzida pelo sentido interior – a alma. O corpo, apesar de necessário, é apenas um instrumento.

Assim sendo, Agostinho fala da existência de duas luzes no homem: uma corporal, própria dos sentidos externos, e outra espiritual, própria do sentido interno, ou da alma, que capacita a corporal a ver os objetos.

Agostinho acreditava que o homem (corpo e alma) é um ser individual, o que resulta serem as duas luzes (dos sentidos externos, enquanto meio ou instrumento, e do sentido interno – a alma) diferentes para cada indivíduo, pois se assim não fosse, pelos sentidos externos, os olhos, por exemplo, "eu não poderia ver pelos meus olhos o que tu não visses [...]. Por este fato é evidente que os teus sentidos são apenas teus, e os meus apenas meus" (*De lib. arb.*, II, 7,15). Da mesma forma, acontece quanto ao sentido interior: a sensação de sabor provocada por um mesmo alimento, por exemplo, não causa a mesma sensação em duas pessoas. Disso se segue que, sendo os sentidos externos e o interno particularizados, não podemos chegar às verdades universais através deles, mas só a conceitos particulares.

Por isso, Agostinho tem certeza de que o sentido interior, pelo qual sensoriamos os objetos, é superior aos objetos sensíveis, incluindo aí os sentidos corpóreos. Entretanto, apesar de ser superior, o sentido interior ainda não é a razão, visto que até os animais o possuem: "Com efeito, uma coisa é o sentido [externo] pelo qual o animal vê, e outra o sentido [interno] pelo qual, ao ver, evita ou busca as coisas que sensoria. O primeiro sentido encontra-se nos olhos; o segundo, internamente na sensividade. Por meio deste segundo, os animais ou buscam e se apossam do prazer que sentem, ou evitam e repelem pela dor que experimentam, não só os objetos que veem, mas também os que são captados pelos demais sentidos do corpo [...]. Como disse, não podemos a este mesmo chamar-lhe razão, pois é evidente que este até nos animais existe" (*De lib. arb.*, II, 3,8).

Deste modo, Agostinho dá-nos notícia de um terceiro sentido, infinitamente superior, chamado razão: "São evidentes os dados seguintes: pelos sentidos externos sensoriam-se os objetos corpóreos; esses mesmos sentidos não podem ser sensoriados pelos próprios sentidos; pelo sentido interior, porém, sensoriam-se não apenas os objetos corpóreos por meio dos sentidos externos, mas também os mesmos sentidos externos; finalmente, pela razão, ela mesma e todos esses dados são conhecidos, ficando incluídos na ciência" (*De lib. arb.*, II, 4,10).

Logo, conclui: "É inegável, com efeito, que não só temos corpo, mas também certa vida [...] fenômenos que verificamos também nos animais. Temos, além disso, um terceiro princípio, por assim dizer cabeça ou vista da nossa alma, ou o que mais adequadamente se possa aplicar à nossa razão ou inteligência" (*De lib. arb.*, II, 6,13).

Portanto, para Agostinho, esta terceira verdade: razão (pensar), não só é diferente das outras duas, mas é a mais importante, pois é através dela que o sujeito pensante sabe que existe e vive. Esta terceira verdade só o homem a possui: "Assentamos igualmente que das três realidades é prevalente a que só o homem possui além das outras duas, ou seja, a de inteleccionar (*De lib. arb.*, II, 6,13).

Diferente dos conhecimentos produzidos pelos sentidos externos e o interior, que são individualizados, Agostinho defende que as verdades racionais são comuns e acessíveis a todos. Pois, "se existe a ideia de uma sabedoria que tu podes ver e que eu o saiba, e que eu posso ver sem que tu o saibas, e que por isso não podemos mostrar um ao outro, e, contudo, é idêntica em todos, é mister admitir que tal ideia nos seja igualmente acessível a todos" (*De lib. arb.*, II, 10,28). E cita como exemplo de verdades racionais a essência do número matemático, que "está presente a todos os que são dotados de razão, de modo que todos os que pretendem fazer contas se esforçam por aprendê-la, cada um pela própria razão e intelecto. Uns conseguem mais facilmente, outros mais dificilmente; outros de modo nenhum, embora essa verdade se mostre igualmente a todos os que são capazes de a captar" (*De lib. arb.*, II, 8,20). Tais verdades são transcendentais, pois não pertencem a nenhuma alma em particular, e em todos se fazem presentes.

Agostinho fala da razão como um terceiro princípio, ou sentido, pelo qual o sentido interior julga todas as coisas: "Temos outro sentido, [...] sentido infinitamente superior, pelo qual sentimos o justo e o injusto, o justo por uma espécie inteligível, o injusto pela privação de tal espécie" (*De Civ. Dei*, XI, 27,2). Mas a razão ainda não é a verdade. A razão é apenas o olho, ou o sol que ilumina a alma para ver e julgar as coisas: "A razão é o olhar da alma" (*Sol.*, II, 6,13).

Nesse sentido, a razão é o meio ou a mediadora, entre o nosso sentido interior (a alma) e as verdades eternas, imutáveis e universais, pois sendo os seres humanos mutáveis e contingentes, não podem conhecer por um contato direto as verdades eternas, mas só por mediações, por "leis" ou "normas" racionais, frutos da iluminação divina. E apresenta como exemplo de leis ou normas racionais, pertencentes ao mundo das verdades eternas, os modelos ideais da matemática, da estética e da ética. Não que os conteúdos destes ideais pertençam ao mundo das verdades eternas, ou que sejam verdades em si mesmos, mas apenas suas leis ou normas, segundo as quais a razão julga todas as coisas. Estas verdades eternas, imutáveis e universais estão presentes em todos os homens, não como reminiscência, ou recordação, segundo Platão, mas por iluminação divina na mente do homem, mediante uma luz interior, "a verdadeira luz, aquela que ilumina todo o homem vindo a este mundo" (*De Trin.*, XII, 24) e pela qual a razão toma consciência da presença de Deus: "Vários são os dotados de vista mais aguda que a nossa, para ver a luz sensível, mas não podem atingir a luz incorpórea, cujos raios iluminam a alma [...]. E a medida de nossa participação nessa luz é a medida de nossa inteligência" (*De Civ. Dei*, XI, 27).

Portanto, se a razão é superior à alma, a lei que lhe dá suporte é maior ainda, e esta lei é a Lei divina: "É incontestável que aquela natureza imutável que se acha acima da alma racional é Deus [...]. Assim sendo, a alma toma consciência de que não é por si mesma que pode julgar sobre a forma e o movimento dos corpos. Ao mesmo tempo, ela reconhece que sua própria natureza é superior à natureza daquelas coisas sobre as quais julga. Contudo, reconhece também ser ela mesma de natureza inferior àquela de quem recebe o poder de julgar. E que não é capaz de julgar sobre essa natureza que lhe é superior" (*De vera rel.*, VI, 31, 57).

Por isso, fugindo de uma visão panteísta, Agostinho diz que a Verdade (Deus) é, ao mesmo tempo, interior, por estar presente na nossa mente (na alma), e transcendente, por ser universal, pois está presente em todos os homens e não pertence a nenhum em particular. Daí superando a máxima socrática do "conhece-te a ti mesmo", recomenda-nos: "Não saias de ti, mas volta para dentro de ti mesmo; a verdade habita no coração do homem. E se não encontras senão a tua natureza sujeita a mudanças, vai além de ti mesmo. Em te ultrapassando, porém, não te esqueças que transcendes tua alma que raciocina. Portanto, dirige-te à fonte da própria luz da razão" (*De vera rel.*, VI, 39, 72).

Sendo a verdade ao mesmo tempo imanente e transcendente ao homem, prega, mais uma vez, a necessidade de uma purificação da alma como meio de participar do mundo das Verdades eternas – Deus: "Faz-se mister, por isso, purificar nossa mente para podermos contemplar inefavelmente o inefável" (*De Trin.*, I, 1,3). E para tal, otimisticamente, conta com dois elementos; a fé revelada: "Não conseguindo ainda essa purificação, alimentamo-nos da fé, conduzidos por caminhos mais praticáveis a fim de sermos capazes de chegarmos a compreender a Deus" (*De Trin.*, I, 1,3) e a graça divina, pois, dadas nossas fraquezas humanas, por si só o homem não tem forças para alcançar a Deus. Temos que contar com a graça redentora de Deus, encarnada no seu Filho, o Mediador, Cristo: "A alma não será sábia por suas próprias luzes, mas por participação daquela luz suprema onde reinará eternamente e será feliz" (*De Trin.*, XIV 12,15).

E para alcançar Deus é necessário transcender a razão, entregar-se gratuitamente na busca da face incompreensível ou inefável de Deus. É viver em Deus, embora ainda não o tendo plenamente. E para que isto aconteça só há um caminho: a humildade cristã. Só os humildes de coração contemplarão a Deus ou a Verdade. No nível da razão os homens se contentarão com a ciência.

O problema do mal

Agostinho deparou-se, teoricamente, com o problema do mal aos 19 anos de idade, por ocasião da leitura do *Hortensius*. Nesse momento, o mal aparece a ele como um paradoxo, pois como explicar a contradição existente entre o princípio axiomático ciceroniano, segundo o qual "todos os homens desejam, por natureza, a felicidade", e a realidade dos males praticados pelo homem, dentre os quais os cometidos pelo próprio Agostinho?

Na ânsia de achar uma resposta ao referido problema, vai buscar, num primeiro momento, na seita gnóstica dos maniqueus, a qual, aparentemente, reunia os dois elementos que Agostinho tanto queria. Primeiro, o apreço à sabedoria, despertado pelo livro de Cícero. Em segundo lugar, essa seita trazia, em seu bojo, o nome de Cristo, apresentando-se como uma religião cristã, ou melhor, como o verdadeiro cristianismo.

Para explicar a origem do universo o maniqueísmo criou um sistema dualista, no qual aparecem dois princípios ontológicos originantes do cosmo: a Luz (o Bem) e as trevas ou a matéria (o Mal), ambos de naturezas corpóreas, incriadas ou coeternas, com iguais poderes de criação, ou melhor, de emanações. Da mistura e luta entre esses dois reinos surgiram os diversos seres no universo, sendo o segundo princípio – a matéria – o responsável pelos males no mundo. A partir desse dualismo ontológico, deduzia uma moral, na qual explicava a origem do mal no homem, por ser o homem uma mescla de corpo e alma, ou melhor, uma mistura das duas substâncias originárias, corpo – matéria ou o Mal – e a alma – Luz ou o Bem. E assim como no universo a matéria é a responsável pelos males físicos, no homem, o corpo é a causa dos males, inclusive os morais. Melhor dito, os males no homem também são de natureza física, fruto da parte má de sua natureza, o que significa dizer que o mal moral propriamente dito não existe no maniqueísmo, ou que não há o princípio da culpa ou responsabilidade. Com isso, os maniqueus pensavam isentar Deus de toda responsabilidade pelos males existentes no universo e o homem pelas maldades praticadas individualmente.

Entretanto, apesar dessa solução cômoda, Agostinho nunca foi um maniqueu convicto; sempre se manteve desconfiado, e tal desconfiança aumentou, quando, finalmente, a partir da leitura das ciências gregas (artes liberais), encontrou alguns pontos de embaraço na doutrina maniqueia e, ao buscar respostas satisfatórias, não as encontrou, nem mesmo junto ao famoso Bispo Fausto. Isso o levou a se afastar, se não definitivamente, ao menos progressivamente, do maniqueísmo.

Mas seria em Milão, aos 30 anos de idade, que Agostinho viria a superar definitivamente o maniqueísmo. Ao entrar em contato com o Bispo Ambrósio e a filosofia de Plotino encontrou neles os instrumentos conceituais necessários para recuperar os princípios cristãos que mantinha latentes em seu coração. Esse encontro, que iria culminar, pouco tempo depois, com a conversão ao cristianismo, permitiria construir, mais tarde, sua própria explicação do problema do mal.

Com as pregações de Ambrósio, Agostinho descobriu que o Deus-Uno do cristianismo é de "substância espiritual", como é substância espiritual a alma humana. Além disso, por usar o método alegórico na interpretação bíblica, Ambrósio desmistificava os pontos considerados absurdos pelos maniqueus, recuperando assim o prestígio da Bíblia e da Igreja Católica.

Agostinho daria os primeiros passos no reencontro com a fé. Mas, no que concerne à origem do mal, as aquisições advindas do bispo de Milão ainda não resolviam o problema; pelo contrário, aumentavam-no ainda mais, pois, se existe apenas uma única origem ontológica de tudo – Deus, que criou tudo do nada –, e não duas forças ontológicas originantes, como afirmavam os maniqueus, como não atribuir a Deus a origem do mal?

Seria com a descoberta dos neoplatônicos, especialmente Plotino, que Agostinho daria um passo adiante. A ideia ambrosiana de "substância espiritual" seria reforçada ao identificá-la em Plotino com as três hipóstases espirituais, chegando inclusive a relacionar, pelo menos num primeiro momento, uma delas – a *Inteligência* ou *Nous* –, com o Verbo do Evangelho de São João. Além disso, graças aos neoplatônicos, Agostinho despertaria para dois outros pontos de fundamental importância na solução do problema do mal: (1) a noção de participação e (2) o conceito de não ser como equivalente ao nada, conceito de que se muniria mais tarde, depois da conversão, para combater a concepção de mal como substância ou natureza dos maniqueus.

Entretanto, se o neoplatonismo fornecia os elementos conceituais necessários para que viesse a superar, mais tarde, o materialismo maniqueu, contudo, naquele momento, ainda não resolvia plenamente o problema do mal, posto que, ao identificar o "não ser" ou o "nada" com a matéria informe e indeterminada, substrato do qual, em conjunto com a *Alma do Mundo*, surgem os seres corporais, Plotino acaba por dar uma origem natural ao mal, que aparece como algo necessário na sua ontologia cosmológica. Ou, em Plotino, ainda não se encontrava a noção de culpa ou responsabilidade frente ao mal.

É só com a conversão ao cristianismo, munido dos dados da fé e dos instrumentos conceituais do neoplatonismo, os quais irá converter em conceitos cristãos, que Agostinho chegará a uma solução original para a questão.

Primeiramente, partindo do princípio bíblico da criação *ex nihilo* demonstrará, contra o dualismo maniqueu, que todos os seres do universo, inclusive a matéria, vieram de um único princípio – Deus –, não por emanação, mas por criação; não por necessidade, mas por um ato livre de amor, a partir do nada. Ao mesmo tempo mostrou que, no universo criado por Deus, não há espaço para desordem natural, nem para o acaso, mas que tudo obedece à ordem estabelecida por quem tudo criou e tudo mantém sob seu governo.

Portanto, para Agostinho, no universo criado e governado por Deus não há espaço para o mal físico, e o mal não pode ser definido como uma substância, visto ser toda a natureza um bem. O mal, ao contrário, caracteriza-se por uma ausência do que deveria ser, ou pelo que ele não é; é uma corrupção que arrasta ou leva tudo em direção ao não ser. Portanto, o mal é a corrupção, e como tal não tem consistência ontológica, é simplesmente "não ser" ou "nada".

Entretanto, tal posição ainda não resolvia plenamente o problema do mal, mas só parcialmente, quando, por ela, chegava-se apenas a uma definição do que seja o mal, respondendo à pergunta: *Quid sit malum?* – que é o mal? Melhor dito, chegava à conclusão do que ele não é (de que ele não forma uma substância ou natureza em si), visto que em si ele não é senão o "não ser" ou o "nada". Entretanto, restava saber: afinal, qual a causa dessa força misteriosa, que em si não é nada, mas que leva os seres ao não ser?

O último nível da resposta agostiniana a esta questão encontra-se já na obra *Sobre o livre-arbítrio* quando, já no final do livro I, Agostinho anteciparia aquela que seria a conclusão geral da obra (e por que não dizer a resposta definitiva em toda sua doutrina) acerca do problema do mal, quando defende que a causa ou origem do mal está no livre-arbítrio da vontade humana. O conceito-chave para entender esse momento está na palavra "pecado", que traz em si uma conotação moral, ou a ideia de culpa (*malum culpae*) ou responsabilidade, por apresentar o pecado (o mal) como fruto do abuso da livre vontade, ou do mau uso da vontade livre por parte do homem.

Nesse momento Agostinho alcançaria o último estágio de seu pensamento acerca do problema do mal. E é aqui, defendemos, que reside toda a originalidade do pensamento de Agostinho em relação aos filósofos que o antecederam.

E, para mostrar como o mal acontece no livre-arbítrio do homem, começa por demonstrar as seguintes premissas: a) o homem é o único animal que possui alma dotada da faculdade da razão; b) isso o torna superior aos demais animais; c) e, portanto, tem a capacidade de conhecer; d) pela iluminação divina percebe a justa ordem estabelecida por Deus, segundo a qual não devemos antepor as coisas inferiores às superiores; e) e conhecendo-a, pode escolher entre seguir a ordem, aproximando-se assim do Criador, o único que pode fazê-lo feliz, ou afastar-se da ordem, criando a desordem, que é o mal, caminho da infelicidade. Após, servindo-se do conceito neoplatônico de mal, como privação, defecção, ausência ou distanciamento do bem – não ser –, define o mal justamente como o distanciamento ou afastamento de Deus, por parte do homem, que, por livre vontade, escolhe direcionar todo seu amor às coisas inferiores, dentre elas a si mesmo, gerando a soberba, em detrimento do amor devido a Deus.

E é claro que tal posição não era algo tranquilo. Agostinho tinha que enfrentar as implicações internas decorrentes. Entre elas, a principal, se o livre-arbítrio é um bem ou um mal, visto que é unicamente por ele que podemos vir a pecar. Nesse caso, não seria melhor se Deus nos tivesse criado sem ele, ou nos tivesse criado unicamente para não pecar? Agostinho responde que o livre-arbítrio é um bem médio, mas que nem por isso deixa de ser um bem, e que, portanto, devemos agradecer a Deus por no-lo ter dado.

Por tudo isso, defendemos que a genuína e definitiva resposta agostiniana ao problema do mal, a saber: o único mal que podemos chamar propriamente de mal é o mal moral, cuja causa ou origem encontra-se na má vontade do homem, que, por livre escolha, resolve subverter a ordem estabelecida por Deus, amando mais os seres criados, inclusive a si próprio, do que o Criador. Nesse caso, o mal é definido como privação, defecção, ausência ou distanciamento do Bem – Deus, e, portanto, totalmente destituído de consistência ontológica. É antes não ser ou nada absoluto.

QUINTA LIÇÃO

Liberdade x necessidade

O problema do conflito entre liberdade e necessidade, que está presente na maioria dos grandes filósofos, e que a Modernidade batizou de *"problema dos futuros contingentes"*, aparece implicitamente em muitas das obras de Agostinho, quando este trata dos mais variados temas em questão na sua época. Um desses locais de abordagem do tema é o livro V, *Sobre a Cidade de Deus*, intitulado "O destino e a Providência", onde Agostinho mostra que o tribuno Cícero, ao refutar a concepção pagã de que a causa do Império Romano é fortuita, ou seja, o destino, acaba por negar também à Presciência divina por julgar ser incompatível com o livre-arbítrio da vontade humana.

O problema começa quando, na primeira parte do *Sobre a Cidade de Deus* (livros I a X), Agostinho busca refutar as acusações dos pagãos de que a principal causa da derrocada de Roma, em 410, por ocasião de sua invasão por Alarico, estaria em sua adesão ao cristianismo. Para estes, durante os tempos em que os romanos foram pagãos (renderam cultos aos deuses e seguiam as orientações dos filósofos pagãos), o império fora próspero e resistente aos ataques dos inimigos, o que era evidente, portanto, que a causa de tal prosperidade estava em este ser culturalmente pagão, e, consequentemente, a sua debilidade em sua adesão à cultura cristã.

Além daqueles que buscavam uma explicação estritamente religiosa – nos deuses pagãos havia aqueles que intentavam encontrar uma causa filosófico-racional ou natural para a prosperidade e decadência de Roma. E aí vamos encontrar uma longa discussão entre liberdade e determinismo.

Em primeiro lugar havia aqueles que, alicerçados em teorias fatalistas: na astrologia ou ciências astronômicas, ou matemáticas, procuravam justificar a causa do Império Romano ou como obra do acaso, ou seja, nos astros ou estrelas, ou como obra da fatalidade ou destino, em que tudo já estava programado predeterministicamente. A estes, Agostinho dedica os primeiros capítulos do livro V, da referida obra, onde prova serem inconsistentes os seus fundamentos. E que, ao contrário, a causa do Império Romano está em Deus, que a tudo criou e governa com sua divina Providência.

Num segundo momento, depois de refutar os astrólogos e matemáticos, a partir do capítulo 8, do livro V, Agostinho inicia suas investidas contra os estoicos, que, segundo ele, atribuíam a "fatalidade não à constituição dos astros, como se encontravam no momento da concepção, do nascimento ou do princípio (o acaso), mas à conexão e série de todas as causas com que se faz quanto se faz [...], ou atribuíam a ordem a concatenação de causas à vontade e ao poder do deus supremo (Júpiter), que acreditam saber todas as coisas antes de que sucedam e não deixar nada desordenado" (*De Civ. Dei*, V, 8).

Tais filósofos adotam como máxima as palavras necessitaristas do estoico Ênio Sêneca, que diz: "a fatalidade conduz suavemente aquele que quer e arrasta com violência quem não quer".

Já o tribuno Cícero, em sua obra *Sobre a adivinhação*, contrariando os seus colegas estoicos, nega totalmente o acaso e a fatalidade, e enfatiza o papel da livre vontade do homem. Só que, ao empreender tal tarefa, acabou por refutar não só fatalismo ou destino, mas a presciência divina, quando diz "não haver a ciência do futuro, e sustentar com todas as forças não existir, em absoluto, nem em Deus nem no homem, e não haver predição de coisas. Essa via nega também a presciência de Deus [...]. Pois, parece, para não admitir a existência da fatalidade e perder a vontade livre, porque está convencido de que, admitida a ciência do futuro, tão indefectivamente se admite a fatalidade, que seria de todo em todo impossível negá-la" (*De Civ. Dei*, V, 9).

Por isso Agostinho diz: "os que estabelecem os destinos siderais são mais toleráveis que esse filósofo, negador da Presciência do porvir. Porque confessar a existência de Deus e negar que é presciente do futuro é a extravagância número um" (*De Civ. Dei*, V, 9).

Ou seja, para Cícero era impossível conciliar a livre vontade do homem com a Presciência divina. Pois, para este, "se forem conhecidas todas as coisas futuras, sucederão na mesma ordem em que de antemão se soube que sucederiam. E, se sucedem nessa ordem, é certa a ordem para Deus, que as sabe antes de acontecerem; se é certa a ordem das coisas, é certa a ordem das causas [...]. E, se é certa a ordem das causas, pela qual se faz tudo quanto se faz, diz, é obra do destino. Se assim é, nada está em nosso poder e não existe livre-arbítrio da vontade humana. Se concordarmos com isto, acrescenta, cai por terra toda a vida humana. Em vão se fazem leis [...]. E ao contrário, se existe o livre-arbítrio da vontade, nem todas as coisas são obra do destino; se nem todas as coisas são obra do destino, não é certa a ordem de todas as causas; se não é certa a ordem das causas, não é certa nem para Deus, que sabe de antemão a ordem das coisas [...]. Por conseguinte, se todas as coisas não sucedem como de antemão soube que haveria de suceder, não há em Deus presciência de todas as coisas. E por isso pensa que ambas as coisas são incompatíveis, que, se se admite uma, suprime-se a outra; se optarmos pela presciência do futuro, destruímos o livre-arbítrio da vontade e vice-versa" (*De Civ. Dei*, V, 9).

Para Agostinho, Cícero tem razão quando afirma nada suceder senão precedido por uma causa eficiente, eliminando por completo a existência do acaso, por isso diz que "ao refutar as conjecturas dos matemáticos, as palavras de Cícero brilham" (*De Civ. Dei*, V, 9). Entretanto discorda deste quando diz que, ao afirmar a livre vontade do homem, tenha que, necessariamente, negar a Providência divina. Visto que, "nem toda causa é fatal, posto existirem a causa fortuita, a natural e a voluntária" (*De civ. Dei*, V, 9).

Quanto às duas primeiras, Agostinho não as nega, apenas discorda dos pagãos que as atribuem aos deuses ou aos astros, mas que tais causas encontrem-se, necessariamente, no Deus verdadeiro dos cristãos, bem como explica em que sentido devemos entender essas duas causas. Quando se aplica ao nível da natureza bruta, da existência de todos os seres do universo, por exemplo, Agostinho não tem dúvidas de que se possa aplicar a palavra "causa" como um termo duro e necessitário. Pois, primeiro, tudo quanto existe não tem sua causa senão em Deus, e, segundo, nada escapa, no universo físico, que não seja governado pela Providência divina.

Quanto ao primeiro ponto, no *Sobre o Gênesis contra os maniqueus*, onde argumenta a favor da afirmativa bíblica de que "Deus fez o mundo a partir do nada", Agostinho mostra que tudo quanto existe no universo está incluído na criação de Deus, que, segundo ele, aconteceu de forma progressiva, dividida em dois momentos: No primeiro (*criatio prima*), Deus criou a matéria informe *ex nihilo*; o segundo (*criatio secunda*) consiste na informação do informe, isto é, a formação dos seres a partir da matéria informe.

Além disso, há um terceiro momento, onde acontece a multiplicidade dos seres a partir dos seres já criados, através das *rationes seminales*, ou seja, Deus colocou no mundo algumas coisas apenas em potência, para que, no decurso dos séculos e debaixo da sua divina providência, pudessem se desenvolver dando origem aos novos seres; assim, Deus continua sua criação através dos tempos. Por isso, Agostinho diz: "Ainda mesmo o que não foi criado e todavia existe, nada tem em si que não existisse" (*Conf.*, XI, 4). Ou, em outras palavras: ainda mesmo o que não foi criado por Deus na sua forma definitiva e perfeita e todavia, por processo evolutivo das *rationes seminales*, obteve a existência; nada tem em si que antes não existisse. Em síntese: a) Para o santo Doutor, todas as criaturas foram tiradas do nada num só momento, por simples ato da vontade; b) no instante da criação, alguns seres foram formados completos e perfeitos, como é o caso dos anjos, dos astros, a alma do homem, etc.; c) outros, como os vegetais, os animais (os peixes, as aves e até o corpo do primeiro homem) etc., foram criados em potências, em suas *rationes seminales*. Ou seja, para Agostinho, na natureza física não existe acaso, ou "Deus não joga dados", pois, nesta, até os "futuros seres contingentes" são frutos da criação de Deus, através das *rationes seminales*.

Igualmente, quanto ao segundo ponto, no *Sobre a ordem*, ao defender o princípio segundo o qual "Deus – providência, presciência e onipotência –, criou tudo e tudo governa, de tal forma que nada acontece no universo por acaso" (*De ord.*, I, V, 14), Agostinho diz que no universo, criado e governado por Deus, não há espaço para desordem, ou acaso. Pois, "como pode existir contrário ao que tudo ocupa, ao que tudo governa? Pois o que é contrário à ordem deveria existir fora da ordem. E nada veio posto fora da ordem, nem se pode pensar que haja nada contrário a ele" (*De ord.*, I, VI, 15). Assim sendo, para Agostinho, há uma perfeita ordem ou harmonia no universo, visto estar tudo submetido à Divina Providência.

Já quanto ao nível de Deus e do homem é possível afirmar-se a existência do livre-arbítrio. Quanto ao primeiro, Agostinho não tem dúvida de que não existe necessitarismo algum em Deus. Para este, Deus não criou o mundo por um princípio necessitário, como nos neoplatônicos, mas por um ato livre de amor. Deus poderia ter feito o mundo de outra maneira e até não ter feito de jeito nenhum e em nada alteraria sua essência.

Quanto ao segundo, o homem, encontramos neste uma dupla situação: por um lado ele é natureza bruta – corpo, sobre o qual recai o princípio necessitário, assim como em todos os seres do universo; mas ele é, também, alma racional, dotada de livre-arbítrio, que é um dom de Deus, e é graças a este dom que o homem é o único ser no universo que é livre.

Que não age, necessariamente, conforme regras predeterminadas, como os demais seres naturais.

E, para Agostinho, contrariamente ao que pensava Cícero, não existe qualquer contradição em afirmar, ao mesmo tempo, a Presciência divina e o livre-arbítrio do homem. Pois, "de ser certa para Deus a ordem de todas as coisas não se segue, contudo, não haver coisa alguma no arbítrio da vontade, porque também nossa própria vontade se inclui na ordem das causas, certa para Deus e contida em sua presciência, visto ser causa das ações humanas. E, por conseguinte, quem sabe de antemão todas as causas de todas as coisas não pode, sem dúvida, ignorar, entre as causas, nossa vontade, que soube de antemão ser causa de nossas ações" (*De Civ. Dei*, V, 9).

Por isso Agostinho declara com muita convicção: "Contra todos esses sacrílegos e ímpios atrevimentos – dos estoicos, que apelam para o fatalismo ou o destino, em detrimento do livre-arbítrio da vontade humana, e de Cícero, que em nome da liberdade humana, nega, não só o fatalismo, mas a Presciência divina –, nós, convencidos da existência de um Deus supremo e verdadeiro, confessamos também que tem potestade, vontade e presciência soberana. E não tememos, por isso, fazer sem vontade o que voluntariamente fazemos, porque de antemão sabe Ele, cuja presciência não pode enganar-se, o que de antemão temos de fazer [...]. Afirmamos que Deus sabe todas as coisas antes de sucederem e que fazemos por nossa vontade quando sentimos e conhecemos não fazer-se sem que o queiramos" (*De Civ. Dei*, V, 9).

E como exemplo de algo que é fruto exclusivamente de nossa vontade, sem que com isto não faça parte da Presciência de Deus, coloca o pecado – mal: "Não peca o homem precisamente porque Deus soube de antemão que haveria de pecar; diria mais, não se põe em dúvida que o homem peca quando peca, justamente porque Aquele cuja presciência não pode enganar-se soube de antemão que nem o destino, nem a fatalidade, nem outra coisa havia de pecar, senão o próprio homem, que, se não quer, com certeza não peca; mas, se não quer pecar, também isto Ele soube de antemão" (*De Civ. Dei*, V, 9).

Como se vê, Agostinho não nega que nossa vontade esteja dentro da ordem das causas criadas por Deus, ou da Presciência divina, mas isso não implica que esta não seja livre, pelo contrário, ser livre é sua essência, ou sua necessidade. Por isso, diz: "É necessário que, se queremos, queiramos com livre-arbítrio, indubitavelmente dizemos a verdade e não sujeitamos, por isso, o livre-arbítrio à necessidade, que suprime a liberdade. Pertence-nos, pois, a vontade e ela mesma faz tudo quando, querendo, fazemos o que não se faria se não quiséssemos" (*De Civ. Dei*, V, 10).

E conclui: "Logo, não porque Deus soube o que havia de depender de nossa vontade, algo deixa de depender dele, pois quem o soube de antemão soube de antemão alguma coisa. Por conseguinte, se Aquele que de antemão soube o que dependeria de nossa vontade não soube de antemão nada, mas soube alguma coisa, mesmo que Ele seja presciente, algo depende de nossa vontade. Pois isso, de maneira alguma nos vemos constrangidos, admitida a presciência de Deus, a suprimir o arbítrio da vontade ou, admitido o arbítrio da vontade, a negar em Deus a presciência do futuro, o que é verdadeira impiedade. Abraçamos, isso sim, ambas as verdades, confessamo-las de coração fiel e sincero; uma, para que nossa fé seja reta; a outra, para nossa vida ser santa. Longe de nós negar a presciência, por querermos ser livres, visto que com seu auxílio somos livres ou seremos livres" (*De Civ. Dei*, V, 10).

Agostinho voltaria a enfrentar o problema em muitas outras obras e situações, como, por exemplo, no embate com os pelagianos, onde estão em questão os conceitos de graça divina e predestinação, os quais são apontados por muitos de seus comentadores até hoje, como conflitantes com o conceito de livre-arbítrio humano. Entretanto, não o iremos abordar aqui.

Sexta lição

Graça e liberdade

Apesar de afirmar categoricamente nos dois primeiros livros do *Sobre o livre-arbítrio*, que o homem não foi programado deterministicamente nem para o bem, nem para o mal, esta parece ser uma situação válida unicamente para o primeiro homem, Adão, antes da queda (pecado original), momento em que gozava de plena liberdade. Depois da queda, perdeu tal condição. E, mais do que isso, ele transmitiu sua natureza decaída a seus descendentes, de modo que, quanto aos demais homens, descendentes de Adão, Agostinho admite que não gozam plenamente da liberdade, mas sofrem, ou pelo menos parecem sofrer de uma "certa dose de necessitarismo", por trazerem em si as manchas do pecado original.

Com o pecado original a natureza humana perdeu o seu primitivo "estado de inocência ou de bondade", tornando-se natureza decaída, manchada pelo pecado, conforme está escrito: "Se o homem fosse bom, agiria de outra forma. Agora, porém, porque está nesse estado, ele não é bom nem possui o poder de se tornar bom. Seja porque não vê em que estado deve se colocar (por conta da ignorância), seja porque, embora o vendo, não tem a força de se alçar a esse estado melhor (por causa da deficiência), no qual sabe que deveria se pôr" (*De lib. arb.*, III, 18, 51).

Assim, ao introduzir a noção de pecado original no último livro (III) do *Sobre o livre-arbítrio*, como o responsável pela perda do primitivo "estado de inocência ou de bondade", no primeiro homem, e causa remota, porém real, do atual estado de decadência em que se encontram os descendentes de Adão, por um lado, Agostinho encerrava sua polêmica com os maniqueus, por outro lado, tocava num ponto que seria o motivo de mais uma grande polêmica envolvendo o problema do mal. Desta vez não mais seria com os maniqueus, mas com os pelagianos, uma heresia dentro da Igreja, que questionava profundamente o conceito de pecado original e suas consequências. Iniciava, assim, aquela que seria a última, e talvez a mais pesada tarefa a ser enfrentada por Agostinho antes de sua morte.

Para os pelagianos, o livre-arbítrio da vontade é a única e exclusiva causa do pecado no primeiro homem, mas negavam toda e qualquer possibilidade do pecado por hereditariedade, ou seja, que a humanidade seja pecadora por causa do pecado original.

Em segundo lugar, como defensores de uma Igreja de perfeitos, eram levados a não encontrar nenhuma desculpa para permanecerem no pecado. Para estes, o livre-arbítrio da vontade era não só a causa, mas o remédio ou antídoto do mal. Para eles, do mesmo modo que o homem peca voluntariamente, pode também livrar-se do pecado por suas próprias forças, conforme diz deles Agostinho no *Sobre a natureza e a graça:* "Pelágio faz atribuirmos a misericórdia e a ajuda medicinal do Salvador somente ao perdão dos pecados e nega a necessidade da ajuda para se evitar os futuros. Neste ponto se engana com funestas consequências e, embora sem perceber, proíbe-nos a oração e a vigilância, para não cairmos na tentação ao defender que o resistir-lhe está em nosso poder" (*De nat. et grat.*, 34, 39).

As faltas do homem são, portanto, de sua responsabilidade pessoal, e ele pode curar-se delas pelo esforço próprio. Assim, discordando de Agostinho, os pelagianos não acreditavam que o pecado de Adão tenha manchado seus descendentes. Para eles, o homem, ainda hoje, é naturalmente bom, e por um ato de vontade o homem pode retornar ao bem, sem precisar absolutamente da assistência divina para tal. Nesse caso, a graça divina não precisa entrar em cena para livrar o homem do mal que ele mesmo fez, mas no próprio homem encontra-se o antídoto do mal – na vontade. Ou seja, pelo mesmo ato da vontade que leva o homem ao mal, tem-se o caminho de volta para o bem. Assim sendo, Agostinho e os pelagianos estavam concordes quanto à causa do mal, mas discordavam quanto ao antídoto ou remédio contra o mal.

Para Pelágio, a graça divina foi implantada no homem no momento da criação. A graça não é nada mais do que a confirmação ou justificação por parte de Deus dos méritos dos homens em uso de sua liberdade. Ou seja, a graça divina age indiretamente nos homens através da liberdade. Ela está inerente na natureza humana que, ao escolher livremente o bem, para o qual foi destinada, recebe a sua justificação, conforme escreve Agostinho no *Sobre a graça de Cristo*, fazendo referência a Pelágio: "Grande ajuda por certo a da graça divina, pela qual Deus inclina nosso coração para onde Ele quiser. Mas esta grande ajuda nós a merecemos, conforme ele (Pelágio) diz na sua loucura, quando, sem outra ajuda, senão exclusivamente pela liberdade do livre-arbítrio, corremos para o Senhor, quando desejamos ser dirigidos por Ele, quando submetemos nossa vontade à dele e, aderindo-lhe constantemente, constituímos com Ele um só espírito. E estes bens tão extraordinários, segundo Pelágio, nós os conseguimos somente pela liberdade do arbítrio, de tal sorte que, por estes méritos precedentes, alcançamos a graça de que Deus incline nosso coração para onde Ele mesmo quiser" (*De grat. Christ.*, I, 23, 24).

Para Pelágio, Deus ou a graça divina é apenas causa remota de nossas boas ações, uma vez que é autor de nossa natureza boa. Mas o autor direto é o homem, que por seus próprios esforços alcança a perfeição, e, ao alcançá-la, recebe a graça da salvação. Isto é o que defende Pelágio em sua obra

De natura, citada por Agostinho: "A possibilidade de não pecar não reside tanto no poder da vontade como na necessidade da natureza. E tudo o que faz parte da necessidade da natureza, não há dúvida de que pertence ao autor da natureza, ou seja, Deus. Portanto, como há de considerar alheio à graça de Deus o que se comprova pertencer a Deus?" (*De nat. et grat.*, 51, 59).

Como se vê, Pelágio acaba por reduzir a graça à força da natureza e ao livre-arbítrio, negando a ajuda da graça redentora de Cristo, uma vez que, para ele, a graça de Deus está incrustada na própria natureza humana, que por sua vez é obra de Deus, conforme diz Rodolfo Doni (2000: 214): "Para Pelágio a graça era qualquer coisa que se acrescenta ao livre-arbítrio do homem, o qual pode se salvar por conta própria".

Agostinho, por sua vez, reconhece que os princípios defendidos pelos pelagianos – de que toda natureza em si é boa, uma vez que todo ser vem de Deus, e que o livre-arbítrio da vontade é a única causa do mal – devem ser tomados como axiomáticos. Entretanto, para não ter que negar a graça divina, ou, como diz Agostino Trapè, "para não tornar inútil a cruz de Cristo" (1983: 409), como fizera Pelágio ao afirmar que o homem por conta própria pode alcançar a perfeição, Agostinho é forçado a defender que a natureza humana encontra-se decaída, impossibilitada de levantar-se por conta própria. E para não ter que cogitar da possibilidade de que Deus tenha feito a natureza viciada, devemos concluir que alguma coisa a danificou. E este "algo" que danificou a natureza humana não pode ser senão o pecado original cometido voluntariamente por Adão, o primeiro homem, e transmitido aos seus descendentes. Por isso, seguindo as palavras do Apóstolo: "*por meio de um só homem o pecado entrou no mundo e, pelo pecado, a morte, e assim a morte passou a todos os homens, porque todos pecaram*" (Rm 5,12), Agostinho diz: "O vício, que obscurece e debilita tais bens naturais (os homens), de tal modo que necessita da iluminação e do remédio, não é obra de seu inculpável criador, senão consequência do pecado original, que foi cometido pelo livre-arbítrio" (*De nat. et grat.*, 3, 3).

Daí a necessidade da graça redentora de Cristo como remédio capaz de curar a humanidade das consequências do pecado original cometido por Adão e transmitido aos seus descendentes: "O Senhor Jesus Cristo não por outro motivo veio ao mundo em carne e, depois de tomar a forma de escravo, fez-se obediente até à morte na cruz [...], senão para vivificar, salvar, libertar, redimir, iluminar os que antes, aqui embaixo, sob a tirania do demônio, príncipe dos pecadores, estavam condenados à morte do pecado, à enfermidade, à escravidão, às trevas; e deste modo se fez mediador entre Deus e os homens, acabando, com a paz de sua graça, com a inimizade originada pela culpa e nos reconciliando com Deus para a vida eterna, depois de nos ter libertado da morte perpétua que nos ameaçava" (*De mer. et rem.*, I, 26, 39).

Entretanto, ao defender que a natureza humana está decaída ou manchada, isso não quer dizer que o homem tenha perdido totalmente sua liberdade com o pecado original, ou que nada possa fazer em prol de sua salvação, o que seria puro determinismo, mas tão somente que perdeu a liberdade de ser plenamente justo ou perfeito. Ele continua agindo por livre vontade, conforme diz Agostinho no *Contra as duas epístolas pelagianas:* "Quem entre nós disse que pelo pecado do primeiro homem pereceu o livre-arbítrio no gênero humano? Pereceu, sim, a liberdade, que existiu no paraíso, de possuir plena justiça junto com a imortalidade, daí a natureza humana necessita da graça divina [...]. Porém, o livre-arbítrio não pereceu no pecador, que precisamente por livre-arbítrio peca, sobretudo os que pecam com deleite e, amando o pecado, escolhem o que lhes agrada" (*Contra duas ep. pel.*, I, 2, 5).

O que Agostinho defende é que o livre-arbítrio, por conta própria, é insuficiente para o homem alcançar a verdadeira perfeição, a qual somente poderá alcançar com a ajuda da graça divina.

Assim sendo, ao introduzir a noção de pecado original como elemento danificador da natureza humana, Agostinho passa a fazer uma importante distinção entre "liberdade" e "livre-arbítrio", que comporta em si duas ou três diferenças, conforme observa Pegueroles: "Santo Agostinho às vezes distingue dois graus de liberdade, que chama de menor e maior, *liberum arbitrium* e *libertas*. Outras vezes, distingue três graus de liberdade: *liberum arbitrium, libertas minor* e *libertas maior*. No primeiro caso, *liberum arbitrium* é a possibilidade do bem, *libertas* é a necessidade do bem. No segundo caso, *liberum arbitrium* é o mesmo que voluntário, *libertas minor* é a possibilidade do bem e *libertas maior* é a necessidade do bem" (1993, vol. II: 731).

E tais distinções são de fundamental importância nos embates com os pelagianos, quando, ao refutar as objeções destes de que há uma contradição entre o livre-arbítrio da vontade humana e a graça divina, Agostinho diz que o que o homem perdeu com o pecado original foi a liberdade plena e não o livre-arbítrio. E é justamente ao livre-arbítrio que a graça deve ajudar, fazendo com que este tenha não só a possibilidade do bem, mas que lhe restitua a necessidade do bem. Portanto, a graça não anula o livre-arbítrio, mas devolve a este a plena liberdade, que na sua condição decaída só é livre para o mal. Por isso, contra as acusações de haver contradição entre livre-arbítrio da vontade e graça divina, Agostinho diz: "Anulamos a liberdade pela graça? De forma alguma consolidamo-la. Assim como a lei se fortalece pela fé, a liberdade não se anula pela graça, senão que é fortalecida por esta. Posto que assim como a mesma lei não se pode cumprir senão mediante o livre-arbítrio, pela lei se verifica o conhecimento do pecado; pela graça, a cura da alma dos males da concupiscência; pela cura da alma, a liberdade; pela liberdade, o amor à justiça; pelo amor à justiça, o cumprimento da lei. Desse modo, assim como a lei não é abolida, mas é fortalecida pela fé, visto que a fé implora a graça, pela qual se cumpre a lei, assim a liberdade não é anulada pela graça, mas consolidada, já que a graça cura a vontade, pela qual se ama livremente a justiça" (*De spirit. et litt.*, 30, 52).

SÉTIMA LIÇÃO

Criação, tempo e eternidade

1 O princípio do tempo

A problemática do tempo entra na filosofia Agostiniana a partir de sua controvérsia com os maniqueus, os quais, na sua cosmologia dualista, afirmavam que o mundo é o resultado da mistura de dois princípios ontológicos originantes: o bem (deus) e o mal (a matéria), ambos de natureza infinita e ilimitada, que se encontram em eterna luta em todos os seres do universo.

Muito embora, apesar de ter nascido no seio da polêmica antimaniqueia, a resposta agostiniana acaba por rejeitar ou superar todas as concepções de tempo da filosofia greco-romana anterior a ele, as quais, de uma forma ou de outra, acabam por defender o surgimento dos seres do universo a partir de uma máteria preexistente, informe, indeterminada, eterna ou infinita (Caos, "monstro ou bolo feio"), que classificamos como respostas de cunho cosmológico-filosófico-naturalistas.

Contra todos aqueles que concebiam o mundo sensível como advindo de uma matéria preexistente, Agostinho insurge com uma concepção consmológico-filosófico-transcendental do universo, que tem como pano de fundo o princípio judaico-cristão da criação *ex nihilo*, o qual declara que Deus fez tudo "a partir do nada", ou melhor, "sem precisar de nada", ou seja, "sem necessitar de nenhuma matéria preexistente". Ponto esse severamente rechaçado pelos maniqueus, os quais, criticando o Livro do Gênesis, pelo que ali está escrito: *"No princípio Deus fez o céu e a terra"* (Gn 1,1). Perguntavam, ironicamente: "Se no mesmo princípio fez Deus o céu e a terra, que fazia Deus antes de criar o céu e a terra? Que foi que o fez repentinamente mudar de ideia e fazer o que nunca tinha feito antes nos tempos eternos? (*De Gen. contra man.*, I, 2, 3).

Por isso enfatiza Jean Guiton que "a controvérsia maniqueia força Santo Agostinho a se ocupar das origens do universo [...]. Os maniqueus sentiam prazer em tornar ridícula a criação temporal do *Gênesis*. Aos olhos dos judeus o mundo é uma criatrura, ele tem uma história; para os maniqueus, herdeiros intemperantes do dualismo grego, dois reinos, um da luz, outro das trevas, opõem-se eternamente. Santo Agostinho encontrou na polêmica maniqueia a objeção popular: 'Que fazia Deus antes da criação?'" (GUITTON, 1971: 177).

Agostinho diz que as objeções dos maniqueus não passam de sofismas ou de falsos problemas. Pois, quanto à primeira pergunta, argumenta: "Se cremos que no princípio do tempo fez Deus o céu e a terra, também devemos entender que antes do princípio do tempo não existiu o tempo. Deus criou o tempo e, por conseguinte, antes de criar o tempo não existia o tempo. E não podemos dizer que existia algum tempo quando Deus ainda não o havia criado; pois, de que modo existia o tempo que Deus ainda não tinha criado, sendo Ele o Criador de todos os tempos? E se o tempo começou a existir no mesmo momento que o céu e a terra, não podemos de modo algum encontrar o tempo antes de haver criado o céu e a terra" (*De Gen. contra man.*, I, 2, 3).

Quanto à segunda pergunta: "O que fez Deus mudar de ideia e fazer o que nunca tinha feito antes?", em primeiro lugar, "fala-se – diz Agostinho – como se houvesse transcorrido algum tempo antes em que Deus não fez nada. Não podia passar tempo algum que antes não houvesse feito Deus, porque não pode ser criador dos tempos senão o que existe antes do tempo" (*De Gen. contra man.*, I, 2, 4).

Em segundo lugar, "intentam pesquisar as causas da vontade de Deus quando esta vontade é a única causa de todas as coisas que existem. Se a vontade de Deus se fundasse em alguma outra causa, esta seria antecedente à sua vontade, e creio ser isto inaudito" (*De Gen. contra man.*, I, 2, 4).

E conclui: "Ao que pergunta por que fez Deus o céu e a terra, direi: porque quis. A vontade de Deus é a causa da existência do céu e da terra, e por isto a vontade de Deus é maior que o céu e a terra. Portanto, o que interroga o porquê quis Deus fazer o céu e a terra, busca uma causa maior que a vontade de Deus, e eu digo que nada maior se pode encontrar. Reprima, pois, a temeridade humana sua insensatez e não busque aquilo que não existe [...]" (*De Gen. contra man.*, I, 3, 5).

Portanto, contra todos aqueles que pregavam a eternidade do mundo ou coeternidade do mundo com Deus, Agostinho defende que o mundo passou a existir a partir do momento em que Deus realizou sua vontade. Eis o que diz a esse respeito: "Este mundo não é coeterno com Deus, porque este mundo não é da mesma eternidade que Deus; o mundo certamente o fez Deus, e deste modo, com a mesma criatura que Deus criou começaram a existir os tempos. [...] Não são eternos os tempos como Deus é eterno; porque Deus, criador dos tempos, existe antes dos tempos" (*De Gen. contra man.*, I, 2, 4).

2 A criação no tempo

Além de demonstrar, num primeiro momento (capítulos 1 e 2, livro I, do *Sobre o Gênesis, contra os maniqueus*), que Deus fez o mundo sem precisar de matéria preexistente, num segundo momento, a partir do capítulo 3, livro I, da referida obra, Agostinho passa a mostrar como se deu a criação. Segundo ele, aconteceu, e continua acontecendo até hoje de forma progressiva, dividida em três momentos:

1) *Creatio prima* – num primeiro momento, Deus criou a matéria informe *ex nihilo*, conforme está escrito no Livro do Gênesis: "*A terra era invisível e informe*". Essa afirmação os maniqueus questionavam, dizendo: "Como é que Deus fez no princípio o céu e a terra, se antes existiam invisíveis e informes?" (*De Gen. contra man.*, I, 3, 5). Agostinho responde: "Querendo antes censurar que conhecer as divinas Escrituras, não entendem as coisas mais evidentes. Que coisa pode dizer-se mais clara que esta: '*no princípio fez Deus o céu e a terra, e a terra era invisível e informe?*' Quer dizer, no princípio Deus fez o céu e a terra, e aquela mesma terra que fez era invisível e informe antes que Deus a adornasse, com distinção concentrada, em seus lugares e tempo, com as formas de todas as coisas" (*De Gen. contra man.*, I, 3, 5).

Ou seja, "primeiramente a matéria foi feita confusa e sem forma, para que dela mais tarde se fizessem todas as coisas que hoje estão separadas e formadas" (*De Gen. contra man.*, I, 5, 9). A matéria informe é, pois, o substrato de onde irão sair os seres, nos momentos seguintes.

2) *Creatio secunda* – o segundo momento consiste na informação do informe por parte de Deus, isto é, a formação dos seres a partir da matéria informe. E é aqui que entram os famosos sete dias da criação, quando Deus fez surgir ou multiplicar-se os seres particulares a partir da matéria informe.

3) Além disso, há um terceiro momento, onde acontece a multiplicidade dos seres a partir dos seres já criados, através das *rationes seminales*. Ou seja, Deus colocou no mundo algumas coisas apenas em potência, ou os germes invisíveis das coisas, para que, no decurso dos séculos e debaixo da sua Divina Providência, pudessem se desenvolver, dando origem

aos novos seres. E assim Deus continua sua criação através dos tempos. Por isso, Agostinho diz: "Ainda mesmo o que não foi criado e todavia existe nada tem em si que não existisse" (*Conf.*, XI, 4, 6). Ou como diz Copleston, interpretando Agostinho: "Deus criou certamente, no princípio, todas as coisas juntas, mas não criou todas nas mesmas condições; muitas coisas foram criadas invisivelmente, latentemente, potencialmente, em germes, em suas *rationes seminales*" (1983: 94).

Entretanto, afirmar o segundo e terceiro momentos da criação não significa negar o princípio segundo o qual "Deus fez todas as coisas do nada num só instante", mas tão somente que o segundo e terceiro momentos já estavam incluídos no primeiro, ou que tudo já estava em potência na primeira criação que foi a matéria informe. A matéria informe é a matéria-prima ou o substrato do qual sairá tudo. Por isso Agostinho diz: "E, portanto, retissimamente se crê que Deus fez todas as coisas do nada, porque se todas as coisas foram tiradas com suas particularidades desta primeira matéria informe, esta mesma matéria foi criada do nada absoluto" (*De Gen. contra man.*, I, 6, 10).

Ou seja, assim como "se considerarmos a semente da árvore dizemos estarem ali as raízes, o tronco, os ramos, as folhas e os frutos, não porque já apareçam ali, senão porque dali hão de nascer, assim se diz: *no princípio fez Deus o céu e a terra*, como se fosse o sêmen do céu e da terra, estando ainda confusa a matéria do céu e da terra. Chamou-se àquela matéria de céu e terra, porque era seguro que dali haviam de proceder o céu e a terra que vemos" (*De Gen., contra man.*, I, 7, 11).

Depois de demonstrar que o mundo foi criado a partir do nada, ainda ali, no *Sobre o Gênesis, contra os maniqueus*, I, 4s., Agostinho explica como Deus criou, ou qual o instrumento utilizado para criar o mundo, a saber: a Palavra ou o

Verbo de Deus, onde estão contidas todas as "ideias divinas" ou "razões eternas"[2], de forma que Deus havia pensado todas as coisas desde a eternidade: as que fez, as que pode fazer e fará, e as que pode fazer, mas nunca fará.

---

2. Agostinho trata das "ideias eternas" ou "razões eternas" especialmente no opúsculo *De ideia*, contido na obra *De diversis quaestionibus octoginta tribus*, onde, refutando o emanacionismo plotiniano, diz que o mundo não emanou de Deus, mas este primeiro o criou em sua mente, como ideias, e depois materializou tais ideias fora de si, a partir do nada. Ou seja, o pluralismo no mundo é a materialização das razões eternas, mas não a emanação de Deus.

Oitava lição

Ordem e perfeição do universo

No *Sobre a ordem*, obra antimaniqueia escrita no retiro de Cassicíaco, Agostinho traz à tona uma importante questão que faz uma estreita ponte entre o problema do mal e o universo.

Para tal, começa por investigar as seguintes questões: sendo certo, pelos dados dos sentidos, que os males abundam no universo, como podemos explicá-los se acreditarmos que a Divina Providência vigia e governa a criação? Ou seja: devemos concluir que a Providência Divina não se interessa pelos pormenores, mas somente pelo plano geral, e que, portanto, há lugar para o acaso no universo? Ou devemos pensar que o próprio Deus é autor dos males? – perguntam os maniqueus (cf. *De ord.* I, 1,1). Em suma, Agostinho colocava em debate uma velha questão filosófica discutida desde os gregos até nossos dias, a saber: se existe acaso ou não no universo, ou seja, se Deus joga dados ou não.

Agostinho, decididamente, responde: "Ímpias ambas as soluções, sobretudo a última. Pois imputar negligência a um Deus bondoso é mais aceitável que imputar-lhe crueldade deliberada" (*De ord.*, I, 1,1).

Para resolver tais questões, Agostinho começa por adotar o axioma filosófico-natural-potiniano, segundo o qual "nada acontece no universo sem uma causa, ou nada acontece ou é levado à existência que não seja levado à existência por alguma causa" (*En.*, III, 1,1) e dá-lhe uma nova conotação filosófico-religiosa, transformando-o no segundo princípio de sua nova cosmologia. De acordo com esta, Deus – providência, onisciência e onipotência, tudo criou e tudo governa, de tal forma que nada acontece no universo por acaso, ou que nada existe no universo que esteja fora da ordem dada e governada por Deus, pois "como pode existir contrário ao que tudo ocupa, ao que tudo governa? Porque o que é contrário à ordem deveria existir fora da ordem. E nada veio posto fora da ordem, nem se pode pensar que haja nada contrário a Ele" (*De ord.*, I, 6, 15).

Assim sendo, não resta nada que não esteja dentro da ordem do universo e que não venha senão de Deus. Isso impossibilita tanto a existência do acaso quanto de um outro princípio ontológico originante em si mesmo, além de Deus, como pensavam os maniqueus.

Entretanto, a posição de Agostinho abria espaço para outra questão, que no texto *Sobre a ordem* é levantada por Trigêncio, um segundo interlocutor, que diz: se tudo está dentro da ordem, então "os bens e os males estão dentro da ordem?" (*De ord.*, I, 6, 16).

Num primeiro momento, Agostinho afirma que sim, "pois nada vejo que erre sem causa. E a série de causas pertence à ordem. E o erro não só tem causas que o produzem, senão efeitos que o seguem" (*De ord.*, I, 6, 16). Portanto, os males, ou efeitos do mal, enquadram-se na ordem do universo.

Mas, a discussão continua, e Agostinho conduzirá seus interlocutores a assumirem a tese (segundo momento) que defenderá até ao fim da vida, de que, no universo, criado e governado por Deus, não há espaço para a existência do mal, ou que o mal em si não existe. O que chamamos de males, ou são apenas os efeitos do mal, ou não passam de uma visão deturpada do universo, conforme veremos a seguir.

Depois de ter demonstrado que todas as coisas do universo foram criadas e são governadas por Deus, Agostinho dá um passo à frente e passa a defender um terceiro princípio, segundo o qual toda natureza criada por Deus não pode ser senão o bem. Noutra obra antimaniqueia, por exemplo, no *Sobre a natureza do Bem*, diz: "Todas as coisas boas, quer grandes ou pequenas, em qualquer dos seus graus, não podem existir senão por Deus e toda a natureza, enquanto natureza, é um bem" (*De nat. Boni*, 1). Mais do que isso, só o bem existe; ou, num sentido inverso, onde não existir o bem não existe o ser, e vice-versa: "As coisas em que o modo, a espécie e a ordem são grandes, são grandes bens; as coisas em que são pequenas, são pequenos bens; onde não existem, nenhum bem existe. Finalmente, onde estas três coisas são grandes, são grandes as naturezas; onde são pequenas, são pequenas as naturezas; onde não existem, nenhuma natureza existe. Logo, toda a natureza é boa" (*De nat. Boni*, 3).

Assim sendo, em Agostinho toda natureza é boa, inclusive a matéria – *hylê*, ao contrário, tanto dos maniqueus, que diziam ser a matéria o mal em si, quanto dos filósofos antigos, especialmente Plotino, que afirmavam ser a matéria não o mal em si, mas o lugar ou a possibilidade do mal.

Tanto contra os maniqueus como contra Plotino, para Agostinho "nenhuma natureza, enquanto natureza, é má. E em nenhuma natureza existe o mal, mas apenas uma diminuição no bem. Se este diminuir a ponto de desaparecer, não havendo nenhum bem, também não se conservará em nenhuma natureza" (*De nat. Boni*, 17).

Para Agostinho, as coisas não só são boas, mas necessárias ou úteis. Se não para este ou aquele homem, em particular, mas são boas para o conjunto do universo. Por isso, ao refutar as acusações dos maniqueus que diziam: "Se Deus mandou que nascessem da terra a erva alimentícia e as árvores frutíferas, quem imperou o nascimento de tantas ervas espinhosas e venenosas que não servem de alimento, e tanta variedade de árvores que não dão frutos?" (*De Gen. contra man.*, I, 13, 19), diz que não há um único ser que não seja bom e que não ocupe uma função ou finalidade dentro do conjunto do universo. Assim sendo, até os animais mais ínfimos e peçonhentos em si mesmos são bons e se enquadram perfeitamente na ordem do universo. Como, por exemplo, noutra obra antimaniqueia, o *Sobre os costumes da Igreja Católica e dos maniqueus*, respondendo à objeção de um de seus adversários maniqueus de que, se um escorpião o picasse a mão, este perceberia, na prática, que existem verdadeiramente males naturais, ou seres maus no universo: "Quem não sabe, ainda que seja muito pouca a sua instrução, que estas coisas danificam a natureza, quando se encontram em condições contrárias as suas, e não prejudicam, quando se acham nas mesmas condições, e com muita frequência são de grande utilidade? Se o veneno de sua natureza fosse um mal, sua primeira vítima seria o mesmo escorpião; mas sucede o contrário; se se lhe retirar totalmente o veneno, inevitavelmente ele perece. Pelo que se vê ser um mal para seu corpo perdê-lo e para o nosso recebê-lo; um bem para ele tê-lo e um bem para nós o carecer dele. Logo, uma mesma coisa é boa e má?" (*De mor. Eccl. Chat. et mor. man.*, II, 8, 11).

Agostinho admite sim, baseado na teoria da participação de Plotino, que no universo existem graus diversos de perfeições. Primeiro, porque Deus não fez todas as coisas com o mesmo grau de perfeição que Ele. Sumamente perfeito, só Deus. As coisas criadas têm seu grau de maior ou menor perfeição em sua participação nele. Assim, na hierarquia descendente de valores, "os seres que têm algo de ser e que não são o que Deus é, seu autor, são superiores aos viventes e não viventes, como os que têm força generativa ou apetitiva, aos que carecem desta vitalidade. E, entre os viventes, os sencientes são superiores aos não sencientes, como às árvores os animais. Entre os sencientes, os que têm inteligência são superiores aos que não a têm, como aos animais os homens. E, ainda, entre os que têm inteligência, os imortais são superiores aos mortais, como aos homens os anjos" (*De lib. arb.*, I, 13, 27).

Em segundo lugar, as coisas se corrompem ou mudam, conforme resume Agostinho em um pequeno monólogo, no *Sobre a verdadeira religião:*

> – Ao me objetares: – Por que fenecem as criaturas? – Respondo:
>
> – Pelo fato de serem mutáveis.
>
> – Por que são mutáveis? – Porque não possuem a suma perfeição.
>
> – Por que não possuem a suma perfeição? – Por serem inferiores a quem as criou.
>
> – Quem as criou? – O ser absolutamente soberano.
>
> – Quem é ele? – Deus, a imutável Trindade, que com infinita sabedoria as fez, e com suma benignidade as conserva [...] (*De vera rel.* 18, 35).

Assim, partindo da noção plotiniana de degradação ou despotencialização do bem nos seres, Agostinho admite uma hierarquia de valores entre os seres do universo, só que, conforme vimos, contrariamente aos maniqueus, que concebiam a matéria como o mal, Agostinho afirma que também esta é um bem, e que por mais corrompida que esteja, ou enquanto houver natureza, haverá bem: "Toda natureza que pode ser corrompida é também um certo bem; na verdade, a corrupção não a poderia prejudicar, a não ser retirando ou diminuindo o que é bom" (*De nat. Boni*, 6), pois não pode existir natureza sem bem e vice-versa: "A natureza, que não deixa de ter sempre um modo, uma espécie e uma ordem, em qualquer extremo em que caia, continua a ser um certo bem. Pois, se tudo isso lhe fosse completamente retirado e totalmente destruído, não ficaria bem, porque nenhuma natureza se teria conservado" (*De nat. Boni*, 9).

Mais do que isso, Agostinho diz que a imperfeição, ou melhor, a diferença entre os seres só é percebida quando comparados uns com os outros, e estes com a perfeição suprema de Deus. Mas, tomados individualmente e no seu conjunto, todos são perfeitos: "Todas as coisas que são pequenas, quando comparadas com as maiores, recebem os nomes que a elas se opõem. Assim, comparada à forma do homem, que é maior e mais bela, a beleza do símio pode dizer-se disforme. Isto engana os imprudentes, que dizem que aquela é um bem e esta um mal, não atendendo, no corpo do símio, ao seu modo próprio, à simetria de um e de outro lado dos membros, à harmonia das partes, ao cuidado de sua conservação e outros detalhes que seria prolixo enumerar ou descrever" (*De nat. Boni*, 14).

Ou seja, o universo é perfeito em suas partes e no conjunto: "Nós dizemos que não existe nenhum mal natural, senão que todas as naturezas são boas e que o mesmo Deus é a suma natureza e as demais são naturezas por Ele. E enquanto são, todas são boas, porque Deus fez todas inteiramente boas, mas ordenadas em seus graus distintos, de tal modo que umas são melhores que outras, e assim se completa com toda esta classe de bens este universo, o qual, tendo alguns seres perfeitos e outros menos perfeitos, é todo ele perfeito" (*De Gen. contra man.*, II, 29, 43).

Portanto, Agostinho não tem dúvida de que a ordem da natureza é perfeita, no todo e em suas partes. O problema é que, segundo ele, nós, homens, seres limitados, cuja visão está ofuscada pelo pecado, por não vermos o universo no seu conjunto ou na totalidade, mas tão somente em partes, somos tentados a ver certas partes como más, ou a julgar, de acordo com nossos interesses particulares (soberba), determinada parte isolada como desordenada ou desproporcional, mas que, quando encaixadas na totalidade, são perfeitamente ordenadas.

É assim que todos os seres do universo estão ordenados à beleza do universo, de tal maneira que, o que nos choca em um detalhe, não poderia senão nos agradar extremamente se considerássemos o todo, de forma que, o que chamamos de mal ou desordem no universo, para Agostinho não passa de déficit, ignorância ou falta de conhecimento, por parte do homem, de suas verdadeiras causas. Ou melhor, falta-nos uma visão de conjunto, ou de totalidade do universo, que é o quarto princípio da nova cosmologia agostiniana.

Dentro dessa perspectiva, o mal, ou melhor, os efeitos do mal, em nada perturbam a ordem do universo programada por Deus. Pelo contrário, mesmo os efeitos do mal (sinais do mal no universo) são perfeitamente abarcados pela ordem, contribuindo para a harmonia de seu conjunto. Não que, com isso, o mal seja algo necessário, ou que passe a ser um bem em si, mas que Deus, na sua divina onipotência, o permite e, uma vez o admitindo, o encaixa na ordem: "Ele (Deus) permite (o mal), quando o julga conforme a ordem e a justiça, segundo a hierarquia dos seres e os méritos das almas" (*Contra ep. fund.* 41).

NONA LIÇÃO

O homem

Mantendo-se na linha do platonismo, do qual recebeu grande influência através dos neoplatônicos, especialmente de Plotino, Agostinho concebe o homem como um composto de dois elementos distintos: corpo e alma, apresentados de forma hierarquizada. Assim, já nos *Solilóquios*, uma das primeiras obras escrita no "retiro de Cassicíaco", comentando as palavras de Cornélio Celso acerca da dor física, diz: "e a razão dada por ele não me parece absurda: somos compostos de duas partes, a alma e o corpo. A melhor é a alma, e a menos boa, o corpo" (*Sol.*, II, 21). Tese esta que seria mantida até o final de sua vida.

E para demonstrar a superioridade da alma sobre o corpo, no *Sobre a natureza do Bem* Agostinho chega a dizer que mesmo uma alma corrompida é superior a um corpo incorrupto, conforme vemos em sua exposição hierárquica dos bens, segundo a ordem natural das coisas, onde "pode acontecer que uma certa natureza superiormente ordenada segundo o modo e a espécie natural seja, mesmo corrompida, melhor do que outra incorrupta, segundo seu modo de grau mais baixo e uma espécie natural inferior. Assim [...], nas naturezas superiores e espirituais, é melhor um espírito racional mesmo corrompido por uma vontade má, do que um irracional incorrupto. E qualquer espírito, mesmo corrompido, é melhor do que qualquer corpo incorrupto [...]. Por muito corrompido que seja um espírito, ele pode dar vida a um corpo.

Por isso, mesmo corrompido ele é melhor do que um corpo incorrupto" (*De nat. Boni*, I, 5).

A supervalorização da alma como parte mais importante no homem, levou Agostinho, em certos momentos, a denominar o homem simplesmente de alma, como por exemplo, no *Sobre a Trindade*: "Quando dizemos que Jacó não é Abraão, e que Isaac não é Abraão nem Jacó, declaramos por aí que são três: Abraão, Isaac e Jacó. Mas quando se pergunta o que são os três, respondemos que são três homens [...]. E se nos valêssemos da terminologia costumeira das Escrituras, diríamos '*três almas*', denominando o conjunto pela parte mais nobre, ou seja, a alma, abrangendo o corpo e a alma o homem todo. É o que está escrito: '*com Jacó desceram ao Egito setenta e cinco almas*' (Gn 46,27), ou seja, setenta e cinco pessoas" (*De Trin.*, VII, 4,7).

Entretanto, isto não passa de uma linguagem alegórica para demonstrar a superioridade da alma sobre o corpo, pois, apesar de reconhecer que, embora o homem participe da perfeição do Ser através de sua alma, considerada um bem superior, nem por isso o corpo, considerado como parte inferior, deixa de fazer parte da natureza humana. Conforme diz no *Sobre os costumes da Igreja Católica e os costumes dos maniqueus*: "Que bem pode existir superior ao homem? É difícil saber se não se examina e resolve antes qual a natureza do homem. Não se trata, aqui e agora, da exigência de definir que é o homem, quando quase todo mundo, ou pelo menos meus adversários (os maniqueus) e eu, estamos de acordo com a afirmação de que somos um composto de corpo e alma. A questão é muito distinta: qual das substâncias que mencionamos é a que constitui o homem? São as duas, ou o corpo somente, ou só a alma? – Resposta: O corpo e a alma são duas realidades distintas e nenhuma das duas sem a outra é homem; não é o corpo sem a alma que o anima, nem a alma sem o corpo a que dá vida [...]. O que chamamos, pois, homem? É o corpo e a alma, unidos como dois cavalos que puxam uma carruagem ou a maneira de um centauro" (*De mor. Eccl. Cath. et mor. man.*, I, 4, 6).

Igualmente no *Sobre a Cidade de Deus*, diz que não podemos denominar o homem nem só pela alma, nem só pelo corpo: "é grande verdade não ser todo homem a alma do homem, mas sua parte superior, nem seu corpo todo o homem, mas sua parte inferior" (*De Civ. Dei*, XIII, 24). Ou seja, mesmo que a alma seja uma substância superior, ela necessita de um corpo para com ele formar uma substância completa: o homem. Neste sentido, o corpo não é mero acidente como para Platão e Plotino; ele faz parte, também, da natureza do homem; "com efeito, o corpo não é apenas ornamento do homem, adjutório exterior; faz parte de sua natureza" (*De Civ. Dei*, I, 8).

Portanto, apesar de considerar o corpo (matéria) como parte inferior no homem, Agostinho contrariamente aos maniqueus e aos filósofos antigos, principalmente Plotino, não considera o corpo como um mal. Quanto aos primeiros, os maniqueístas, Agostinho critica-os dizendo: "Esses, errando, delirando, ou, pior ainda, verdadeiramente enlouquecidos, não veem que naquilo a que chamam natureza do Supremo Mal colocam tantos bens, como, por exemplo, a vida, o poder, a saúde, a temperança, a força [...]; e no que chamam o Supremo Bem colocam tantos males como a morte, a doença, o esquecimento, a desordem, a impotência, a indigência [...]" (*De nat. Boni.*, I, 41).

Já em relação aos filósofos antigos, especialmente Plotino, onde a matéria era o lugar da indeterminação, do informe ou do mal, Agostinho critica sua visão negativa da matéria dizendo que "nem esta *hylé* se deve considerar um mal por não poder ser tomada por qualquer espécie, mas antes como uma privação de toda espécie. Pois em si ela própria tem capacidade (potência) de formas, pois se não pudesse tomar formas impostas pelo artista não se chamaria matéria. Além disso, se a forma é algo bom, pois por ela sobressaem as coisas que se dizem formosas, tal como em virtude da espécie, o que é especioso, não tenho dúvida de que a capacidade (potência) da forma seja algo bom. Porque assim como a sabedoria é um bem, ninguém duvida que o ser capaz de sabedoria seja bom. E porque todo bem vem de Deus, ninguém pode também duvidar de que esta matéria, seja ela como for, não exista senão por Deus (*De nat. Boni*, I, 18).

Em suma, "nenhuma natureza, enquanto natureza é má. E em nenhuma natureza existe o mal, mas apenas uma diminuição do bem. Se este diminuir a ponto de desaparecer, não havendo nenhum bem, também não se conservará nenhuma natureza" (*De nat. Boni*, I, 17).

Assim, ao falar do corpo como parte integrante da natureza do homem, Agostinho reconhece que o corpo não só é necessário como é um bem, um bem inferior, ou menor, mas um bem.

Mais do que isto, mesmo apontando a alma, mais especificamente a faculdade de raciocínio da alma, como o principal fator que torna o homem superior aos demais animais, Agostinho diz que também a natureza corpórea do homem é superior aos demais animais, conforme narra no *Sobre o Gênesis contra os maniqueus*, ao explicar a passagem bíblica de que 'o homem foi feito à imagem e semelhança de Deus': "O que se diz que o homem foi feito à imagem de Deus se entende do homem interior onde reside a razão e a inteligência, pelas quais domina os peixes do mar e as aves do céu, e a todos os animais e feras, e toda a terra e a todos os répteis que sobre a terra se arrastam [...]. Pois todos os demais animais estão sujeitos ao homem, não por causa de seu corpo, senão pelo entendimento que nós temos e do qual carecem eles; entretanto, também nosso corpo de tal forma foi formado, que nos indica que somos de melhor condição que os animais e, portanto, semelhantes a Deus, posto que os corpos de todos os animais, seja os que na água e na terra vivem ou os que no ar voam, têm o corpo inclinado para a terra e não erguido como está o corpo do homem; pelo que se dá a entender também que nossa alma deve dirigir-se para o alto, quer dizer, deve estar levantada para as coisas espirituais eternas" (*De Gen.*, contra man., I, 18, 29).

Entretanto, apesar de defender uma indispensável necessidade de complementaridade entre alma e corpo, para juntos formarem a natureza do homem, Agostinho não prega uma união substancial de alma e corpo, como fizera Aristóteles, por exemplo. Pelo contrário, embora discordando da concepção platônica de que o corpo seja um acidente para a alma, e afirmando que só ao conjunto de ambos os elementos: corpo e alma, podemos denominar de homem, mas para Agostinho cada um dos elementos que compõem o homem é constituído de substâncias ou essências diferentes.

Quanto ao primeiro elemento, Agostinho não tem dúvida que o corpo do homem, assim como todos os demais seres corporais, foi criado por Deus a partir do nada, no tempo. Que no início fez apenas um – Adão, e dele se propagou os demais por reprodução. Já quanto ao segundo elemento – a alma, a coisa não é tão simples. Num primeiro momento, seguindo as Sagradas Escrituras, Agostinho não tem dúvida de que, no início, Deus fez apenas um homem corpóreo, com apenas uma alma, conforme anuncia no *Sobre a Cidade de Deus*: "quanto ao homem, chamado, por criação, natural, a ocupar lugar entre os anjos e os seres irracionais, Deus criou apenas um [...], e deu-lhe uma alma" (*De Civ. Dei*, XII, 21-23). Que segundo o Livro do Gênesis, "Deus a infundiu, soprando, ou se é mais adequada a expressão, inspirando no homem, quer dizer, no corpo do homem" (*De Civ. Dei*, XIII, 24), e assim como o corpo foi criado por Deus, a alma também: "Porque Deus, incriado, infundiu algo criado" (*De Civ. Dei*, XIII, 24).

Portanto, para Agostinho, a alma, assim como o corpo é algo criado, contrariamente ao que pensavam os maniqueus, para quem a alma humana era um fragmento ou uma partícula de Deus, ou melhor da Luz do Pai. E, contra os neoplatônicos, especialmente Plotino, onde a alma do homem aparece como uma emanação da terceira hipóstase – a *Alma do mundo*.

Entretanto, quando se refere à origem da alma nos demais homens que descenderam do primeiro homem, Agostinho tem grande dificuldade de explicar, oscilando sempre entre o *criacionismo* e o *traducianismo*[3].

No *Sobre o livre-arbítrio* Agostinho apresenta quatro alternativas para a origem da alma; entretanto, tendo que enfrentar problemas decorrentes de cada uma delas, este prefere fugir da questão: "Quanto a estas quatro opiniões sobre a alma: 1) se surge por reprodução; 2) se cada uma é criada por si em cada um dos que nascem; 3) se existindo já em qualquer parte são enviadas por Deus; 4) ou descem espontaneamente para os corpos dos que nascem – nenhuma se deve afirmar temerariamente. Ou de fato esta questão, segundo o que exige a sua obscuridade e complexidade, ainda não foi tratada e esclarecida pelos expositores católicos dos livros sagrados, ou se isso foi já feito, tais escritos não chegaram às nossas mãos" (*De lib. arb.*, III, 21,59).

Já quanto aos fins dos dois elementos que compõem o homem, Agostinho não tem dúvida de que o primeiro – o corpo, é mortal. Já quanto ao fim da alma, que a princípio o cristianismo diz ser imortal, a coisa não é tão simples assim. Pois, apesar de no livro I, do *Sobre a Cidade de Deus*, tentando acalmar os romanos diante das mutilações e privações de sepulturas aos corpos dos mortos durante os ataques a Roma, Agostinho, partindo do preceito evangélico: "*não temais, em*

---

3. Segundo Abbagnano (1970: 929): "Doutrina pela qual a alma dos filhos deriva da alma dos pais como um ramo (*traduz*) deriva de uma árvore [...]. A mesma doutrina foi, às vezes, indicada com o nome de *geracionismo*. A doutrina contrária, de que toda alma seja criada *ex-novo*, chama-se *criacionismo*".

absoluto, os que matam o corpo e não podem matar a alma" (Mt 10,28), diz: "que importa, por conseguinte, a seres necessariamente votados à morte (o corpo) o acidente de que morrem? Importa, isso sim, o lugar para onde vai a alma depois da morte" (*De Civ. Dei*, I, 11), logo, o corpo é mortal, mas a alma é imortal.

DÉCIMA LIÇÃO

Sexualidade e matrimônio

A princípio, Agostinho defende a união entre homens e mulheres a partir do famoso tripé de finalidades: a prole, a fidelidade e o sacramento ou indissolubilidade.

Quanto ao primeiro – a prole, tentando refutar os maniqueus, que condenavam totalmente a procriação, e, consequentemente, o sexo, Agostinho assumiria progressivamente, as seguintes posições ou fases:

Num primeiro momento (primeira fase), no período do Agostinho recém-convertido, ainda fortemente influenciado pela visão negativa de corpo do neoplatonismo, transfere esta negatividade para a questão da sexualidade, daí as primeiras obras até *As confissões* estarem cheias de expressões contra o sexo e o matrimônio, vistos como um obstáculo ao alcance da sabedoria, mediante a contemplação, como, por exemplo, no *Solilóquios*: "[...] decidimos que não há nada que eu deva evitar tanto como o matrimônio. Não conheço nada que faça com que a mente do varão desça tanto das alturas como as carícias de uma mulher e como essa união de corpos sem a qual não é possível ter uma mulher" (*Sol.*, I, 10, 7).

Entretanto, pouco tempo depois, no Agostinho da meia-idade, agora bispo, tendo sido acusado de permanecer maniqueu por fazer uma associação direta entre procriação, sexo e pecado, este passaria, no *Sobre o Gênese ao pé da letra*, a uma segunda postura (segunda fase), desta feita, mais positiva, da relação entre procriação e sexo, chegando, agora, a admitir a procriação carnal no paraíso, quando diz: "Não encontro qual ajuda possa ter oferecido a mulher criada para o homem se se elimina a procriação" (*De Gen. ad. litt.*, IX, 7, 12).

Muito embora, apesar de ter admitido a procriação sexuada antes do pecado original, diz que esta teria acontecido "sem prazer" ou de forma moderada, ou seja, "no Éden nem o ato sexual teria acontecido sem o ardor desordenado da concupiscência: os genitais masculinos teriam seminado como os agricultores seminam nos campos, com a exclusão de qualquer prazer libidinoso e a procriação teria ocorrido, sem a fadiga e a dor do parto" (*De Gen. ad. litt.*, IX, 3.6).

É o chamado sexo ideal, sem pecado.

Suprimida a relação direta entre sexo e pecado, o sexo passa a ser condição da procriação, e esta, consequentemente (através do sexo), uma das principais finalidades do matrimônio.

A partir desse momento, o que Agostinho prega não é a exclusão total do sexo, mas o "sexo ordenado", controlado pela vontade, livre das paixões ou prazeres desordenados. O sexo voltado, unicamente, para procriação, a começar, pelo praticado por Adão e Eva no paraíso.

É o que defende, por exemplo, no *Sobre a Cidade de Deus* ao comentar a ideia de que "antes da queda os homens pudessem controlar os órgãos sexuais como são capazes de controlar outros membros" (*De Gen. ad litt.*, IX, 10): "Movemos as mãos e os pés para que esses realizem suas funções especiais, quando assim queremos; isso não envolve relutância por sua parte, e os movimentos são realizados com toda a facilidade [...]. Então por que não devemos acreditar que os órgãos sexuais pudessem ter sido servos obedientes da humanidade, ao comando da vontade, da mesma forma que os outros [...]?" (*De Civ. Dei*, XIV, 23)

E aqui apresenta o pecado original como uma fragilidade ou deficiência, por parte do homem, em não poder controlar a si mesmo e, consequentemente, o sexo, ou seja, a concupiscência.

Muito embora, vale salientar, para Agostinho o pecado original não se constitui ontologicamente na concupiscência em si, mas, antes, esta é o efeito ou fruto do primeiro pecado, a saber: da desobediência, por parte do homem, a Deus, que se manifesta enquanto orgulho ou soberba do homem em querer viver por si mesmo, desprezando a Deus, ao que chama de *malum culpae*. O segundo pecado, o prazer sexual ou carnal – a concupiscência –, aparece, pois, como consequência ou penalidade (*malum poenae*) ao primeiro pecado, não como natureza, mas como uma deficiência, conforme diz no *Contra as duas epístolas pelagianas*: "A concupiscência não é uma natureza, mas um defeito" (*Contra duas ep. Pel.*, II, 2,2).

Portanto, a rigor, a *libido* ou concupiscência, que caracteriza o pecado sexual, não está, propriamente, no ato carnal ou corporal em si, mas na má intenção da vontade do homem que, não conseguindo controlar a sua própria vontade, também não consegue controlar o sexo, provocando a desordem entre o espírito e a carne. Ou seja, concretamente, a sexualidade é um bem. A paixão sexual desenfreada ou a luxúria – a má concupiscência –, ao contrário, *enquanto provém e resiste à razão*, é um mal.

De qualquer forma, nesse momento Agostinho admite que o prazer sexual, visto como pecado, entrou no mundo pelo pecado original, não como causa, mas como efeito, o que levou Uta Ranke-Heinemann a interpretar, erroneamente, que, para a hierarquia celibatária da Igreja Católica "o *locus* por excelência do pecado está no sexo – uma póstula baseada nas fantasias de Agostinho, em que manifesta o ódio ao prazer" (RANKE-HEINEMANN, 1996: 103).

Nas obras da maturidade, Agostinho dá um passo à frente (terceira fase) ao admitir não só o sexo, mas o prazer no sexo, inclusive chega a defender que havia prazer nas relações sexuais ocorridas no paraíso, antes do pecado original, muito embora este "não suprimia o pensamento da mente como prazer avassalador" (*Contra Jul. op. incomp.*, IV, 39) ou "só ocorria com a vontade da alma" (*Contra Jul. op. incomp.*, VI, 22), ou seja, continua o princípio do sexo moderado ou ordenado e só para procriação. Por isso, antes, já havia advertido: "O ato sexual é bom quando ocorre com a intenção correta [ter filhos]. Mas é um pecado quando o casal o submete ao desejo" (*Contra Jul. op. incomp.*, IV, 29).

Para tal, Agostinho faz uma distinção importante entre "sentir" e "buscar" o prazer. O que se deve evitar é o segundo. Ou seja, a busca do prazer não deve ter, como finalidade última, o sexo. A finalidade última deve ser a procriação, o prazer é apenas meio, que deve ser controlado pela vontade, conforme diz no *Contra Juliano, obra incompleta*: "O que não pode ocorrer sem desejo não deveria, entretanto, ocorrer unicamente por causa dele" (*Contra Jul. op. incomp.*, V, 9).

E, mais adiante, completa: "Se houvesse outra forma de se ter filhos [...]. Mas como não há como procriar de outra forma, os casais que fazem sexo com o fim de procriar fazem bom uso desse mal" (*Contra Jul. op. incomp.*, V, 46).

Nesse caso, o sexo se constitui num pecado venial, desculpável ou perdoável.

Por fim, temos o último passo (quarta fase) na visão agostiniana da sexualidade, quando, considerando que o homem é um ser decaído, o qual, por mais que se esforce, pela livre vontade, não consegue conter totalmente os seus desejos carnais (consequência do primeiro pecado), em nome de um segundo item do tripé de finalidades do casamento – a fidelidade –, admite o sexo por prazer ou o prazer no sexo, dentro do matrimônio, é claro.

Primeiro, aceita a ideia do sexo com prazer, mantendo-se o princípio da moderação e com vistas à procriação, no casamento. Em segundo lugar, chega a admitir, até, o sexo unicamente por prazer. É o chamado sexo tolerável e perdoável (venial); um mal menor, remédio ou antídoto contra males maiores: o sexo individual (masturbação), o sexo com animais etc. e, principalmente, o adultério e a fornicação, que são pecados mortais. É o que vemos no *Sobre os bens conjugais,* ao comentar o sexo com a própria esposa, quando está grávida: "Essa exigência imoderada do ato conjugal, que aos esposos o Apóstolo não manda imperiosamente, mas lhes concede indulgentemente: que se unam ainda que não seja por causa da procriação, senão pelos seus depravados instintos, para proteger o matrimônio contra o adultério e a fornicação. E não se diga que isto se admite em nome do matrimônio, mas por causa deste se tolera com indulgência [...]. Portanto, não é só com vistas à procriação que a *caritas conjugalis* encontra expressão; essa se manifesta também quando um dos dois se entrega ao outro para que esse não incorra na fornicação, ou não caia em pecado mortal" (*De bono coniug.*, X, 11).

E aqui ressaltamos que, apesar de Agostinho não defender explicitamente, em nenhum local, a contracepção, entretanto, ao admitir o sexo exclusivamente por prazer, ainda que dentro matrimônio, acabava por defender, implicitamente a contracepção.

Como se vê, não é o sexo, em si, que Agostinho condena ou não há um "ódio ao sexo e ao prazer" (RANKE-HEINEMANN, 1996: 88), mas à luxúria ou lascívia, que é o sexo desordenado (*discordiosum malum*), movido pelo simples princípio do prazer pelo prazer. Esta – a luxúria – é chamada de sexo indesculpável ou mortal, incluída na lista dos chamados "sete pecados capitais".

Portanto, não há uma separação radical entre sexo e amor, como acusa, ainda, na mesma página, a supracitada autora, quando diz: "Como muitos outros neuróticos, ele [Agostinho] separa de forma radical o amor da sexualidade" (RANKE-HEINEMANN, 1996: 88). O que há é uma separação radical entre sexo e luxúria, devolvendo, ao sexo, a sua verdadeira e divina finalidade ou dignidade: a de perpetuar a espécie humana com amor, honestidade e responsabilidade.

Dando continuidade e em consonância com o que foi visto até aqui, percebe-se que Agostinho apresenta a fidelidade como um segundo item do tripé das finalidades do matrimônio, muito embora estenda este princípio, também, às relações fora do matrimônio.

E tamanha é a importância que Agostinho dá à fidelidade que no *Contra Juliano, obra incompleta*, essa é elevada à condição de superior à procriação, quando, ao comparar o matrimônio à fornicação, chega à conclusão de que no adultério também há procriação, mas não fidelidade, conforme está escrito: "O matrimônio não se distingue do adultério pela procriação dos filhos, mas pela fidelidade do leito conjugal" (*Contra Jul. opus incomp.*, I, 65).

Mais do que isso, de forma aparentemente contraditória com a primeira finalidade – da procriação –, Agostinho chegou a admitir, até, o sexo unicamente por prazer (dentro do matrimônio, é claro), como forma de garantir esse sagrado princípio, conforme vimos anteriormente.

O terceiro item do tripé de finalidades do matrimônio é representado pelo sacramento, o qual deve garantir *a indissolubilidade* do mesmo.

Para tal, Agostinho usa de dois argumentos ou fundamentos que justificam o matrimônio como uma instituição indissolúvel: o primeiro – ontológico social/natural, segundo o qual defende ser a união, entre homens e mulheres, uma tendência natural, ontológica, querida por Deus, desde o início da humanidade e tomada pela natureza mesma, essencialmente, social do homem, cujo fundamento último não está só na procriação, mas, também, e talvez o mais importante, no amor ou amizade entre os sexos opostos.

Para tal, no *Sobre os bens conjugais*, começa dizendo: "A natureza humana é sociável e encerra em si um bem excelente e natural, que força à amizade. Assim, quis Deus que todos os homens procedessem de um só, a fim de que na sua sociedade estivessem unidos entre si, não só pela semelhança da natureza, mas pelos laços de parentesco. A primeira sociedade foi constituída por um homem e uma mulher. Deus não os criou separadamente, unindo-os depois como dois estranhos. Do homem tirou a mulher, manifestando assim a força da união no lado, do qual foi extraída e formada a mulher. Pelos lados se unem dois que caminham juntos, e se dirigem ao mesmo ponto" (*De bono coniug.*, I, 1).

Quanto ao segundo – o teológico/escatológico, Agostinho diz que o matrimônio tem uma função catequético-moral, enquanto instrumento de propagação e regeneração do homem com vista à vida eterna. Para isso, ele deve ser legítimo, casto e honesto, para que os filhos que dele nasçam, possam, pelo bom exemplo dos pais, ser educados retamente e, com isto, alcançar a beatitude. Por isso diz Agostinho: "Esta deve ser a intenção dos bons cônjuges: que a geração seja uma preparação à regeneração do pecado original [...]. Por isso, além de procriá-los [os filhos] honestamente, devem acolher os filhos com amor [...]. Educá-los com a pia solicitude e instruí-los na salvação de Deus" (*Contra Jul.*, IV, 1; *De Gen. ad litt.*, IX, 7).

É indiscutível que, tamanha é a importância adquirida pelo sacramento, em Agostinho, que ele não admite a dissolubilidade do matrimônio seja por idade avançada dos esposos (cf. *De nup. et concup.*, I, 17; *De bono coniug.*, III, 3), por escolha de voto de continência, por parte de um dos esposos, por separação de corpos (cf. *De nup. et concup.*, I, 17, 19), por adultério de um dos cônjuges e até mesmo, contrariando o princípio da procriação, por esterilidade de um dos esposos. Em qualquer um desses casos, se um dos esposos contrair segundo matrimônio, com o esposo ou esposa ainda em vida, Agostinho chama de adultério. O único caso permitido é por morte de um dos cônjuges. Com isto Agostinho fecha o tripé das finalidades do casamento, tão bem resumidas numa passagem do *Sobre a santa virgindade*, que diz: "Por certo, o casamento apresenta seus bens próprios que consistem não só na procriação de filhos, mas também por havê-los gerado honesta, lícita, casta e socialmente. Uma vez nascidos, os pais educam os filhos com toda solicitude e empenho. E os esposos guardam mutuamente a fidelidade conjugal, sem profanar o Sacramento do Matrimônio, pelo qual se uniram" (*De sancta virg.*, XII, 12).

Considerações finais

Se a palavra gênio tem sentido, pode-se aplicá-la a Agostinho, esse espírito de riqueza inesgotável, esse cérebro de um poder único, essa consciência verdadeiramente profética que soube, como poucos, ler as exigências dos tempos presentes e as expectativas futuras.

De todas as formas de inteligência que se podem atribuir a um homem, nenhuma lhe faltou; possuiu todas, inclusive aquelas que o tornaram um homem contraditório. Em tudo foi radical, viveu profundamente os erros e acertos; não houve qualquer problema que o desanimasse. Entregou-se de corpo e alma, tanto a questões práticas, como às mais minuciosas necessidades de erudição. Não há assunto ou problema de sua época que não abordou, sem lhe dar uma nova forma, sem o marcar com o seu selo, sem obrigar a todo aquele que quisesse discuti-lo depois dele, a, pelo menos, levar em consideração o seu comentário. Foi um dialético temível, disposto a enfrentar todo aquele que o desafiasse, ou a desafiar os adversários.

Durante um terço de século foi, para seus contemporâneos, aquilo que ainda hoje nós reconhecemos nele: a consciência do Ocidente e o farol da Igreja. As centenas de obras que escreveu mostram que era um homem do mundo. Os assuntos de que tratam, indo desde o doméstico aos mais altos temas filosófico-teológicos, atendiam as mais variadas camadas sociais: do simples fiel às autoridades oficiais.

E mesmo a morte física, em 430, não escureceu essa grande luz. As suas obras influenciariam o mundo, e muitos foram os pensadores que receberam os raios de sua luz. Todas as grandes escolas filosófico-teológicas da Idade Média estiveram, de alguma forma, ligadas a ele. São Bernardo, Abelardo, Dante, Santo Tomás e outros, mas, sobretudo, os místicos: Santo Anselmo, São Boaventura, Mestre Eckhart e outros são filhos diretos dele. Literariamente e, sobretudo, espiritualmente, a inteligência medieval deve muito aos seus escritos, especialmente *As confissões, Cidade de Deus, A Trindade, O mestre e a doutrina cristã*, suas principais obras.

E não é só sobre os medievais, como muita gente pensa, que exerceu seu influxo. Sua influência se estenderia, também, sobre os modernos. Só a título de exemplo, podemos apontar Pascal, Descartes, Hegel, Schopenhauer, Malebranche, Kierkegaard e outros, cujos pensamentos têm um parentesco singular com Agostinho. Destarte, esse homem, morto há tanto tempo, continua a estar na nossa presença.

REFERÊNCIAS

a) Obras do próprio Agostinho

SAN AGUSTÍN (1986). "Escritos antimaniqueos (1º): Las dos almas; Actas del debete com Fortunato; Réplica a Adimanto; Réplica a la carta hamada "del fundamento"; Actas del debate com Felix y respuesta a Secundino". *Obras completas de San Agustín*. Tomo XXX. Madri: Catolica/BAC, 639 p. [Ed. bilíngue – Trad., introd. e notas de Pio de Luis].

_____ (1985a). "Escritos antipelagianos (4º): Réplica a Juliano, obra inacabada (livros I-III)". *Obras completas de San Agustín*. Tomo XXXVI. Madri: Catolica/BAC, 653 p. [Ed. bilíngue – Trad. introd. e notas de Luis Arias].

_____ (1985b). "Escritos antipelagianos (5º): Réplica a Juliano, obra inacabada (livros IV-VI)". *Obras completas de San Agustín*. Tomo XXXVII. Madri: Catolica/BAC, 605 p. [Ed. bilíngue – Trad. e notas de Luis Arias].

_____ (1984). "Escritos antipelagianos (3º): La perfeición de la justicia del hombre; El matrimonio e la concupiscencia; Réplica a Juliano". *Obras completas de San Agustín*. Tomo XXXV. Madri: Catolica/BAC, 1.003 p. [Ed. bilíngue – Introd. geral de Argemiro Turrado – Trad. introd. e notas de Luis Arias Alvarez e Teodoro C. Madrid].

_____ (1948). "De las costumbres de la Iglesia Catolica y de las costumbres de los maniqueos". *Obras completas de San Agustín*. Tomo IV. Madri: Catolica/BAC, p. 235-451 [Ed. bilíngue – Trad., intr. e notas de Teófilo Prieto].

SANTO AGOSTINHO. (2008). *Contra os acadêmicos; A ordem; A grandeza da alma; O mestre*. São Paulo: Paulus, 414 p. [Coleção Patrística, n. 24 – Trad. de Agustinho Belmonte].

_____ (2005a). *A natureza do Bem*. Rio de Janeiro: Sétimo Selo, 81 p. [Ed. bilíngue – Trad. de Carlos Ancêde Nougué].

_____ (2005b). *Comentário literal ao Gênesis*; *Sobre o Gênesis, contra os maniqueus*; *Comentário literal ao Gênesis*, inacabado. São Paulo: Paulus, 659 p. [Coleção Patrística, n. 21 – Trad. de Agustinho Belmonte].

_____ (2002). *A verdadeira religião*; *O cuidado devido aos mortos*. São Paulo: Paulus, 196 p. [Coleção Patrística, n. 19 –Trad. de Nair de Assis Oliveira].

_____ (2000). *Dos bens do matrimônio*; *A santa virgindade*; *Dos bens da viuvez*; *Cartas a Proba e a Juliana*. São Paulo: Paulus, 284 p. [Coleção Patrística, n. 16 – Trad. de Vicente Rabanal e Nair de Assis Oliveira].

_____ (1999). *A graça (II)* – A graça e a liberdade; *A correção e a graça*; *A predestinação dos santos*; *O dom da perseverança*. São Paulo: Paulus, 284 p. [Coleção Patrística, n. 13 – Trad. de Agustinho Belmonte].

_____ (1998a). *Solilóquios*; *A vida feliz*. São Paulo: Paulus, 157 p. [Coleção Patrística, n. 11 – Trad. de Adaury Fiorotti e Nair de Assis Oliveira].

_____ (1998b). *A graça (I)* – O espírito e a letra; *A natureza e a graça*; *A graça de Cristo e o pecado original*. São Paulo: Paulus, 317 p. [Coleção Patrística, n. 12 – Trad., introd. e notas de Agustinho Belmonte].

_____ (1997). *O livre-arbítrio*. São Paulo: Paulus, 296 p. [Coleção Patrística, n. 8 – Trad., introd. e notas de Nair de Assis Oliveira].

_____ (1994). *A Trindade*. São Paulo: Paulus, 726 p. [Coleção Patrística, n. 7 – Trad. e notas de Agustinho Belmonte].

_____ (1991). *A Cidade de Deus:* contra os pagãos. 3. ed. Petrópolis/São Paulo: Vozes/Federação Agostiniana Brasileira [vol. I, 414 p.; vol. II, 589 p. – Trad. de Oscar Paes Leme].

_____ (1988). *Confissões*. 9. ed. Petrópolis: Vozes, 367 p. [Trad. de J. Oliveira Santos e A. Ambrósio de Pina].

b) Obras de apoio

ABBAGNANO, N. (1970). *Dicionário de Filosofia*. São Paulo: Mestre Jou, 972 p. [Trad. de Alfredo Bossi].

BOEHNER, P. & GILSON, É. (1982). *História da filosofia cristã:* desde as orígens até Nicolau de Cusa. 2. ed. Petrópolis: Vozes, 582 p. [Trad. de Raimundo Vier].

84

BOUGAUD, E. (1927). *Santa Mônica.* Salvador: São Francisco, 283 p. [Trad. de João Bahiano].

BRACHTENDORF, J. (2008). *Confissões de Santo Agostinho.* São Paulo: Loyola, 318 p. [Trad. de Milton Camargo Mota].

COPLESTON, F. (1983). "San Agustín". *Historia de la filosofia II*: de San Agustín a Escoto. Barcelona: Ariel, p. 50-95 [Trad. de Eugenio Trías].

DANIEL-ROPS [Henri Petiot] (1960). "O santo dos novos tempos". *A Igreja dos tempos bárbaros.* São Paulo: Quadrante, p. 9-62 [Trad. de Emérico da Gama].

DONI, R. (2000). *Agostino*: l' infaticabile ricercatore della verità. Milão: Paoline, 238 p.

GUITTON, J. (1971). *Le temps et l'éternité*: chez Plotin et Saint Augustin. Paris: Librairie Philosophique J. Vrin, 429 p.

JOLIVET, R. (1932). *San Agustín y el neoplatonismo cristiano.* Buenos Aires: Cepa, 219 p. [Trad. de G. Blanco et al.].

PAPINI, G. (1949). *Santo Agostinho.* Braga: Cruz, 275 p. [Trad. de M.G. da Costa].

PEGUEROLES, J. (1972). *El pensamiento filosófico de San Agustín.* Barcerlona: Labor, 155 p.

RANKE-HEINEMANN, U. (1996). *Eunucos pelo Reino de Deus* – Mulheres, sexualidade e a Igreja Católica. Rio de Janeiro: Record/Rosa dos Tempos, 383 p. [Trad. de Paulo Fróes].

RUBIO, P. (1995). *Toma e lê!* – Síntese agostiniana. São Paulo: Loyola, 399 p.

TRAPÈ, A. (1983). "Santo Agostino". In: BERARDINO, A. (org.). *Patrologia (III)*: dal Concilio di Nicea (325) al Concilio di Calcedonia (451). Roma: Marietti, p. 325-434.

COLEÇÃO 10 LIÇÕES

- *10 lições sobre Kant*
  Flamarion Tavares Leite
- *10 lições sobre Marx*
  Fernando Magalhães
- *10 lições sobre Maquiavel*
  Vinícius Soares de Campos Barros
- *10 lições sobre Bodin*
  Alberto Ribeiro G. de Barros
- *10 lições sobre Hegel*
  Deyve Redyson
- *10 lições sobre Schopenhauer*
  Fernando J.S. Monteiro
- *10 lições sobre Santo Agostinho*
  Marcos Roberto Nunes Costa
- *10 lições sobre Foucault*
  André Constantino Yazbek
- *10 lições sobre Rousseau*
  Rômulo de Araújo Lima
- *10 lições sobre Hannah Arendt*
  Luciano Oliveira
- *10 lições sobre Hume*
  Marconi Pequeno
- *10 lições sobre Carl Schmitt*
  Agassiz Almeida Filho
- *10 lições sobre Hobbes*
  Fernando Magalhães
- *10 lições sobre Heidegger*
  Roberto S. Kahlmeyer-Mertens
- *10 lições sobre Walter Benjamin*
  Renato Franco
- *10 lições sobre Adorno*
  Antonio Zuin, Bruno Pucci e Luiz Nabuco Lastoria
- *10 lições sobre Leibniz*
  André Chagas
- *10 lições sobre Max Weber*
  Luciano Albino
- *10 lições sobre Bobbio*
  Giuseppe Tosi

Conecte-se conosco:

f facebook.com/editoravozes

⊙ @editoravozes

🐦 @editora_vozes

▶ youtube.com/editoravozes

◉ +55 24 2233-9033

www.vozes.com.br

Conheça nossas lojas:

www.livrariavozes.com.br

Belo Horizonte – Brasília – Campinas – Cuiabá – Curitiba
Fortaleza – Juiz de Fora – Petrópolis – Recife – São Paulo

EDITORA VOZES LTDA.
Rua Frei Luís, 100 – Centro – Cep 25689-900 – Petrópolis, RJ
Tel.: (24) 2233-9000 – E-mail: vendas@vozes.com.br